Faszination Marathon andersherum

Philosophie, Gedanken und
Erkenntnisse eines
Rückwärtsläufers

Über den Autor

Achim Aretz, Jahrgang 1984, ist leidenschaftlicher Vorwärts-
und Rückwärtsläufer. Der promovierte Geologe organisierte
die sechste Weltmeisterschaft im Rückwärtslaufen 2016 in
Essen mit. Er lebt in der Eifel nahe der deutsch-belgischen
Grenze.

Achim Aretz

Faszination Marathon andersherum

Philosophie, Gedanken und Erkenntnisse eines Rückwärtsläufers

Bibliografische Information der Deutschen Nationalbibliothek:
Die Deutsche Nationalbibliothek verzeichnet diese Publikation
in der Deutschen Nationalbibliografie; detaillierte bibliografische Daten sind im Internet über dnb.dnb.de abrufbar.

© März 2018, Achim Aretz
achim-aretz@gmx.de
Herstellung und Verlag:
BoD – Books on Demand, Norderstedt

ISBN: 978-3-7460-7546-4

Für alle Querdenker und Träumer

Inhaltsverzeichnis

Vorwort

Es war ein völlig verregneter Tag im Februar, als wir uns in einem Café an der belgischen Küste gegenüber setzten. Die Passanten, die mit Wintermänteln und gedrückter Stimmung ein und ausgingen, spiegelten auch meinen Gemütszustand wider. Der Regen prasselte so laut auf das Dach des Cafés, dass wir Schwierigkeiten hatten, unserer Unterhaltung zu lauschen. Schließlich siegte unsere Unterhaltung gegen die äußeren Umstände und nahm, wie sie es oft tut, eine ganz eigene Entwicklung, bis sie plötzlich fragte: „Was würdest du denn machen, wenn du alle Möglichkeiten hättest?"

Auf einmal hörte der Regen auf, oder zumindest nahm ich ihn nicht mehr wahr. Darüber hatte ich noch nie wirklich nachgedacht. Klar, heute hört man überall, würden wir in einer Welt der Möglichkeiten leben. Theoretisch soll ihre Anzahl so groß sein, dass wir uns gar nicht vor ihnen retten können. Praktisch ist jedoch der Zwang noch größer, uns für eine Möglichkeit zu entscheiden und damit gegen unzählige andere. So tötet dieser Zwang die meisten Möglichkeiten ab und ebnet uns den Weg in die Tretmühle, die uns nicht einmal mehr die Möglichkeit eines Auswegs lässt.

Daher hatte ich bislang meine Möglichkeiten immer nur als kurzes Intervall definiert, als kleine Insel zwischen dem Meer meiner Verpflichtungen, in etwa wie einen Urlaub nach und vor Wochen und Monaten der Arbeit. Und weil Urlaub nur bezahlbar ist, wenn man dafür gearbeitet hat, sah ich meine Möglichkeiten nur als Begleiterscheinung meiner Verpflichtungen an, als ließen sich Möglichkeiten nur verdienen, ganz nach dem Motto: Erst die Arbeit, dann das Vergnügen.

Während ihre Frage in mir zu wirken begann, spürte ich ein Licht in mir, dessen Strahlen sich immer weiter ausweiteten. Habe ich doch mehr Möglichkeiten, als mir bewusst ist? Das Licht strahlte längst versunkene Gedanken an und ließ sie emporsteigen. Steht vor der Arbeit, die mir meine Möglichkeiten doch erst ermöglicht, nicht noch eine Vorinstanz, die ich mit Arbeit zu füllen pflege? Das Licht strahlte nun so hell, als hätte die Sonne draußen die dunklen Wolken vertrieben. Und was kann diese Vorinstanz anderes sein als Zeit? Meine Zeit. Meine Lebenszeit. Langsam dämmerte mir: Zeit ist nicht ein Mittel, um Geld und damit Möglichkeiten einzulösen. Die Möglichkeiten sind in meiner Zeit zu Hause. Meine Lebenszeit sind meine Möglichkeiten, direkt und unmittelbar.

Seit Beginn der industriellen Revolution erfinden wir Maschinen, die uns die Arbeit abnehmen, damit wir Zeit sparen. Gleichzeitig haben wir so viele Dinge erfunden, die uns die Zeit wieder nehmen, dass wir das Gefühl haben, zu wenig oder gar keine Zeit mehr zu haben. So sehen wir Zeit nur noch als Ressource an, die es zu nutzen gilt, indem wir sie einteilen, füllen, stoppen, berechnen, vergleichen, zu Geld machen oder verschwenden.

Ich hatte längst erkannt, dass mir das Leben gerade viel Zeit schenkte, so viel wie nie zuvor. Die Zeit um mich herum konnte daher bedrückend wirken mit all ihrer Kraft, als müsste ich mich vor ihr fürchten, weglaufen und in Aktivitäten flüchten. Aber nein, in diesem Café erkannte ich, dass sie mir etwas mitteilen möchte. So gab ich meinen Widerstand gegen sie auf, ließ mich von ihr durchströmen und vereinnahmen und sah plötzlich das Meer meiner Möglichkeiten. Nur wenn ich in ihr verweile, anstatt sie zwanghaft nutzen zu wollen, ist Einsicht, Reflexion und Entwicklung möglich.

Darum sehe ich Zeit als ein großes Geschenk an. Nehme ich es nicht an, entsteht Hektik. Doch nehme ich es an, entsteht Ruhe und mit ihr Raum für Ideen und Kreativität.

Ruhe finde ich im Laufen. Und Kreativität sowie Ausdauer waren nötig, als ich mich dazu entschied, längere Strecken rückwärts zu laufen, was wiederum kreativ macht. Mit diesem Buch möchte ich darlegen, dass Rückwärtslaufen eine tolle Sportart ist, die viele tolle Menschen für sich entdeckt haben. Zeit, Kreativität und Ausdauer, die es dafür braucht, sind ebenso Voraussetzungen für das Schreiben. Daher schlussfolgerte ich in dem Café, das sich mittlerweile in ein Schloss verwandelt hatte: Wer reich an Zeit ist, ist ein reicher Mensch, und antwortete: „Ich glaube, ich habe eine Idee.“

Kapitel 1

Ausbruch aus Gewohnheiten

Inmitten der großen Läuferschar fühle ich mich wie jeder andere Läufer. Vorsichtig und etwas unsicher höre ich in meinen Körper hinein. Gibt es irgendwo ein Ziehen, habe ich genug gegessen und getrunken, sind die Schuhe richtig geschnürt? Was auch immer mein Körper mir in diesen Augenblicken an der Startlinie für Zeichen senden würde, das Kribbeln in meinem Bauch übertönt sie sowieso alle. So groß sind die Aufregung und die Vorfreude auf das, was da nun kommen mag. So häufig bin ich vorher die Strecke in meinen Gedanken schon durchgegangen und habe mir in Bildern ausgemalt, wie es sein wird, das große Ziel zu erreichen. Heute ist der große Tag, der Frankfurt-Marathon 2010.

In den vergangenen Wochen ist kein Tag vergangen, an dem er nicht in meinem Bewusstsein war. All das Training in der Vorbereitung kommt mir wie eine Bergbesteigung vor. Würde ich mich heute mit einem tollen Ausblick dafür belohnen? Allein der Begriff Frankfurt-Marathon hatte für mich in der vergangenen Zeit etwas Magisches. Ich fühlte mich von ihm angezogen, als würde mein Lebensweg gar nicht an ihm vorbei gehen können. Es gab nur wenige Dinge in meinem Leben, für die ich so sehr brannte und für die ich solch eine Leidenschaft entfachte wie für diesen Marathon.

Dabei war ich schon vorher ein paar Marathons gelaufen. Keinen von ihnen möchte ich missen, ein jeder hat mich ein Stück weit geprägt. Der große tschechische Läufer Emil Zátopek sagte einmal: „Wenn du laufen willst, lauf eine Meile. Aber wenn du ein neues Leben kennenlernen willst, dann lauf einen Marathon." Nur heute gehe ich nicht an den Start, um einen Marathon zu laufen. Ich gehe hier an den Start, um den Marathon rückwärts zu laufen mit dem Ziel, einen neuen Weltrekord aufzustellen. Der Chinese Xu Zhenjun hatte 2004 beim Peking-Marathon die Weltbestmarke auf 3:43:39 Stunden geschraubt.

Zum Rückwärtslaufen kam ich durch einen Zufall. Im Alter von 22 Jahren schaute ich auf einer Studentenparty in Münster einmal so tief ins Glas, dass ich am folgenden Tag ziemlich verkatert aufwachte. Ich wohnte damals in einem Studentenwohnheim mit ein paar Freunden zusammen, als es plötzlich an meiner Tür klopfte. Ein Freund stand in Laufklamotten vor mir und fragte mich, ob ich nicht Lust hätte, ihn zu begleiten. Aus Erfahrung wusste ich um die heilende Wirkung des Laufens gerade nach durchzechten Nächten.

Daher zog ich mir tatsächlich meine Laufschuhe an und ging mit ihm nach draußen. Als wir schließlich losliefen, merkte ich aber, dass die Idee doch nicht so gut war. Vor Übelkeit lief ich so langsam, dass er sich spontan umdrehte und rückwärts neben mir herlief. Nun auch noch das! Ist der Kater nicht schon schlimm genug? Im selben Tempo liefen wir dann ein paar Hundert Meter, ich vorwärts und er rückwärts, bevor ich mich entschied, doch lieber wieder nach

Hause zu gehen. Als es mir wieder besser ging, gestand mir mein Kumpel, dass ihm das Rückwärtslaufen gefiel.

Ein paar Tage später liefen wir gemeinsam einen Kilometer rückwärts und eine Woche später schon zwei. Wir holten mehr Freunde ins Boot und liefen jeden Mittwoch zwischen zwei Vorlesungen zusammen ein paar Kilometer rückwärts. Und ja, mir gefiel das Rückwärtslaufen auch! Es fühlte sich irgendwie nach einem entspannteren und bewussteren Laufen an. Zuerst war da dieser starke Muskelkater in den Waden und hinteren Oberschenkeln. Und die Knie werden entlastet! Einer von uns war ganz überrascht, dass er rückwärts im Gegensatz zu vorwärts ganz ohne Kniebeschwerden laufen konnte. Ich hatte das Gefühl, meinen Körper noch einmal anders kennenzulernen. Und Rückwärtslaufen hatte etwas mit Konzentration und Fokussierung zu tun. Um nicht zu stürzen, musste ich mich stark konzentrieren, weil ich ja nicht dauerhaft sah, wo ich hinlief. Dafür drehte ich meinen Kopf immer wieder über meine Schulter und schaute mich nach hinten um.

Ich freute mich häufig schon Tage lang auf die Rückwärts-Einheit und hatte immer ein Schmunzeln auf den Lippen, wenn ich die anderen vor oder hinter mir rückwärts laufen sah, weil es einfach so skurril aussah. Wir lachten viel gemeinsam beim Rückwärtslaufen und wohl etwas auch über uns selbst. Dadurch machte es noch mehr Freude. Wir steigerten den Umfang kontinuierlich auf bis zu acht Kilometer. Ein neues Hobby war geboren.

Jahre später, im Alter von 26, entdeckte ich in den Monaten vor dem Frankfurt-Marathon immer mehr die Freude, die mir das Rückwärtslaufen bereitete. Wenn ich vorwärts laufe, laufe ich für mich. Ich fühle mich zwar verbunden mit der Natur, aber nicht mit den Menschen, denen ich begegne. Rückwärtslaufen auf Wald- und Feldwegen oder entlang von Flüssen und Seen, also auf üblichen Joggingstrecken, zeigte mir immer wieder die Kraft des Zufalls auf. Denn im Gegensatz zum Vorwärtslaufen fühlte ich mich bei rückwärts gelaufenen Trainingsläufen oft bemerkenswerten Begegnungen gegenübergestellt. Sie schienen mir häufig wie eine Tangente zu sein, ein kurzes Streifen entlang der Leben Unbekannter.

Als mich im Training für den Frankfurt-Marathon mal ein Rentnerehepaar auf ihren Fahrrädern überholte, hörte ich sie zu ihm sagen: „Helmut, jetzt sind wir schon so lange verheiratet, aber das haben wir noch nicht erlebt!" Daraufhin erzählte er mir, dass er den Drachenfels bei Bonn auch schon mal rückwärts hoch gewandert sei, bevor der zunehmende Abstand das Gespräch wieder beendete.

Ein andermal reduzierte auf einer wenig befahrenen Straße ein Autofahrer seine Geschwindigkeit, um neben mir her zu fahren, kurbelte die Fensterscheibe herunter und fragte: „Sind Sie's oder sind Sie's nicht?" Ich fragte, wer ich sein soll. „Der aus dem Radio?" „Ja", antwortete ich. „Das ist ja toll, dass ich Sie mal in Aktion sehe." Er fahre jetzt in ein nahegelegenes Restaurant. Ob das eine Einladung war, mitzukommen? Es entwickelte sich ein kurzes Gespräch, in dem es darum ging, offen zu sein und neue Dinge auszuprobieren, bevor er weiter fuhr und mir seine Familie staunend hinterher sah.

Oft hörte ich auch einfach nur Kommentare wie „Du läufst falsch herum!" oder „Anders rum!" oder sah in völlig überraschte Gesichter. Lustige Kommentare waren auch immer wieder dabei. Ein wild mit seinem Stock fuchtelnder

Rentner rief mir mit einem Augenzwinkern mal hinterher: „Das passiert wohl, wenn man morgens seine Tabletten nicht nimmt." Viele Passanten reagierten mit einem Lachen und nicht wenige reagierten auch überhaupt nicht.

Es kam immer wieder vor, dass ich rückwärts Vorwärtsläufer überholte. Im ersten Moment wunderten sie sich oft. Mit einem Lächeln versuchte ich dann, ihnen verständlich zu machen, dass es nicht böse gemeint ist. Als mich jedoch einmal ein Vorwärtsläufer erkannte, den ich auf derselben Trainingsrunde etwa zehn bis 15 Kilometer vorher schon einmal überholt hatte, versteinerte sich sein Gesichtsausdruck. Ich versuchte, den Blickkontakt zu meiden, aber es half nichts, die nächsten Sekunden wurden ziemlich unangenehm.

Immer wieder kam es vor, dass mich fremde Läufer und Läuferinnen ein paar Kilometer begleiteten, oder sie liefen, nachdem ich sie rückwärts überholt hatte, auch rückwärts weiter. Dann und wann begannen Läufer, denen ich zufällig begegnete, später sogar auch mit dem Rückwärtslaufen.

Manchmal lösten sich Kinder von ihren Eltern, wenn sie mich sahen, um rückwärts von einem Bein auf das andere zu tippeln. Dann hob ich meinen Daumen, bevor sie sich wieder umdrehten. Sie waren also nur wegen mir rückwärts gelaufen. Oft dachte ich daran, dass ich gerne mal einem Rückwärtsläufer begegnen würde, der es auch von sich aus tut.

Und dann passierte das tatsächlich. Schon länger hatte ich meine Zweifel beiseite geschoben, auch auf Waldwegen längere Strecken rückwärts zu laufen. Denn ich hatte gelernt, dass die Ruhe im Wald es mir erlaubt, mich auf meinen Gehörsinn zu verlassen und auf ein häufiges Umschauen zu verzichten. Als ich dies doch tat, erblickte ich etwas Besonderes. Ich schaute genauer hin und erkannte einen Läufer in roter Laufbekleidung, deren Farbe nicht in die Umgebung passte. Während ich mich näherte, stellte ich fest, dass er sich nicht bewegte. Er stand da und schaute mir zu. Ich sagte „Hallo", als ich an ihm vorbei lief. Daraufhin sagte er: „Ach, so sieht das also aus!" Während ich mich von ihm entfernte, rief ich ihm hinterher: „Ich kann das nur empfehlen!" „Ich weiß," erwiderte er, „ich auch!" Ich lief weiter und versuchte zu verstehen. Nun musste ich laut rufen, um verstanden zu werden. „Wie, machst du das etwa auch?" Er fing an zu lachen und bejahte! Ich blieb stehen.

Freude lag in der Luft. Wir gingen aufeinander zu und gaben uns die Hand. Für einige Minuten liefen wir zusammen rückwärts weiter. Ich klärte ihn auf, dass es Weltmeisterschaften gibt, während er mir erzählte, dass er vom Rückwärtslaufen high werde. Bevor er sich verabschiedete, verabredeten wir uns zum gemeinsamen Training. Wir hielten Augenkontakt, während wir uns rückwärts laufend voneinander entfernten. Seine Freude über diese Begegnung konnte ich länger hören als sehen. Aber irgendwann erreichte auch sein Gesang mein Ohr nicht mehr. Wir sollten uns nie wieder sehen.

Die Gefahr, nicht zu sehen, wo ich hinlaufe, hatte ich längst herabgestuft. Die Ängste vor Stürzen, einem Umknicken und einem Crash mit einem Fahrrad oder Auto waren seit langem verschwunden. Mit der Zeit wurde ich immer sicherer darin, belebte Wege mit vielen Menschen rückwärtslaufend zu meistern. Durch ein schnelles Umdrehen meines Kopfes, Abscannen der Umgebung und Antizipieren der Situation vermochte ich Läufer, Passanten, Hunde oder

Kinder intuitiv wie ein Slalomläufer zu umlaufen. Dies erforderte natürlich eine höhere Konzentration auf den Moment. Gerade wegen dieser Fokussierung hatte ich nach längeren Rückwärts-Einheiten, wenn ich nicht gerade eine bekannte Strecke lief, häufig Schwierigkeiten, die gelaufene Strecke als Ganzes in Gedanken nachzuzeichnen. Sie zeigte sich mir eher wie ein Puzzle von im Rückspiegel gespeicherten Erinnerungen.

Nur einmal bin ich auf den ungezählten Rückwärtsläufen hingefallen, als ich während eines 30-Kilometer-Laufs eine menschenleere Tartanbahn entdeckte und über eine wohl dort vergessene Klappbank stolperte. Denn ich hatte meinem Nacken einfach mal eine 400 Meter lange Umdrehpause gönnen wollen.

Abgesehen davon stürzte ich bei allen Trainingseinheiten und diversen 10-Kilometer- und Halbmarathonläufen, in denen es vor allem am Anfang sehr eng war, kein einziges Mal. Mich auf meine Intuition und Antizipation verlassen zu können, stärkte nach und nach mein Urvertrauen, die Welt aus mir heraus vertrauensvoll und zuversichtlich zu betrachten.

Im Training auf das 42,195-Kilometer-Rennen trieben mich natürlich auch Fragen an wie „Wo sind meine persönlichen Grenzen, körperlich und mental?" oder „Was ist mein Körper zu leisten imstande, wenn ich über Wochen alles aus mir heraushole und diesem Versuch mein Leben unterordne?" oder einfach nur „Was ist möglich?". Gerade in jungen Jahren, dachte ich damals, gehört es zum Leben dazu, seine Potenziale und Talente entdecken und nutzen zu wollen.

Motivation nahm ich auch aus der umgekehrten Perspektive, am Ende meines Lebens rückblickend darauf zu schauen und die folgende große Frage ohne Reue bejahen zu können: „Habe ich mein Leben richtig gelebt?" Bisweilen sollen Menschen auf dem Sterbebett von eben genau dieser Reue berichtet haben, ihre persönlichen Träume nicht erfüllt zu haben.

Für mein Vorhaben erntete ich zwar manchmal hier und da Unverständnis, das sich in einem Belächeln oder Kopfschütteln äußern konnte. Aber ich wusste, dass die meisten Menschen, denen man im Leben begegnet, keinen bleibenden Eindruck hinterlassen und ihre Begegnungen in diesem Lebensrückblick verblasst oder ganz vergessen sein werden. Da wurde mir klar, dass diese Lebensfrage stärker war als jedes Unverständnis anderer. Es erschien ihr gegenüber geradezu winzig und verlor daher vollends an Einfluss auf mich. Warum es zwischenzeitlich gerade der Versuch des schnellsten jemals rückwärts gelaufenen Marathons war, was ich später bereuen würde, wenn ich es unterließe, und nicht eine Bar auf den Malediven, eine Selbständigkeit oder ein Leben als Globetrotter, womit ich sicherlich auch kleinere und größere Träume verband, konnte ich nicht genau sagen. Vermutlich lag es auch daran, dass ich darin ein großes Talent sah und eine ganz große Herausforderung.

So erstellte ich mir für den Marathon einen achtwöchigen Trainingsplan, in dem Vorwärtsläufe nicht mehr vorgesehen waren. Von Dienstag bis Donnerstag lief ich in drei Einheiten etwa 45 Kilometer, die sich zumeist auf einen 10-, 15- und 20-Kilometer-Lauf aufteilten. Nach einem Ruhetag lief ich am Samstag meist eine regenerative Einheit von zehn bis zwölf Kilometern und am Sonntag einen langen Lauf. Die langen Läufe waren 29 Kilometer (in 2:40 Stunden), 31 Kilometer (in 2:50), 32 Kilometer (in 3:00), 36 Kilometer (in 3:15) und 30 Kilometer (in 2:45) lang. Außerdem lief ich drei Mal anstatt des langen Laufs einen offiziellen Halbmarathon rückwärts mit. So lief ich wöchentlich im Durchschnitt zwischen 70 und 80 Kilometer rückwärts. In einer Woche hatte ich es mal auf 95 Kilometer gebracht.

Besonders vor den langen Läufen fiel mir auf, dass es gerade der Anfang war, der Moment des Umdrehens, der Überwindung kostete. Denn es war der Moment, in dem ich ein Stück weit mit der Norm brach. So oft mir diese Überwindung auch schon gelang, immer wieder musste dieser Punkt aufs Neue überwunden werden, als ob mich etwas davor zurückhalten wollte. Dieses Etwas ließ Unbehagen und Unsicherheit in mir aufsteigen. Meine Vernunft schien mir zuzurufen, dass man unzählige Dinge innerhalb der Norm tun kann, die einem Freude bereiten. Besonders laut hörte ich sie, wenn in der Umgebung alles normal zu sein schien, wenn zum Beispiel auf der anderen Straßenseite eine Frau mit ihrem Hund entlangging, auf meiner Seite Kinder miteinander spielten oder sich ein Auto auf der Straße näherte. So suchte ich förmlich nach Dingen, die mich vor dem Bruch mit der Norm abhalten sollten. Manchmal räumte ich selbst der Sonne Macht über mich ein, die mich hoch über mir stehend zu ermahnen schien, weil sie aus Sicht der Erde auch heute wieder ihren gewohnten gleichmäßigen Gang gen Horizont fortsetzen wird, so wie sie es an jedem Tag seit Jahrmillionen tut.

Die ersten Meter waren dann oft ziemlich schwer. Aber nach ein paar Minuten kamen mir plötzlich Bilder und Erlebnisse in den Sinn. Das war immer wieder aufs Neue der

Moment, in dem die Fragen und Zweifel verschwanden und Rückwärtslaufen für mich Teil der Norm wurde. Diesen Moment empfand ich auch oft als Ausbruch aus meinen Gewohnheiten.

Die meisten Gewohnheiten im Leben sind natürlich nützlich, weil sie das Leben vereinfachen, aber viele Gewohnheiten machen unflexibel und starr[1]. Denn sie hinterlassen bei häufiger Wiederholung ein so tief eingegrabenes Muster im Gehirn, dass es praktisch automatisch wiederholt wird. Wenn wir Gewohnheiten ausführen, ist mit den Basalganglien hauptsächlich nur ein kleiner Teil im Inneren des Gehirns aktiv, während Hirnareale, die für komplexere Denkprozesse und Kreativität verantwortlich sind, in ihrer Aktivität gedrosselt werden. Wie tief verwurzelt Gewohnheiten in unserem Verhalten sind, zeigt sich auch darin, dass Basalganglien sich in uralten Gehirnarealen befinden, die wir bereits mit Reptilien gemeinsam haben, bevor in der späteren Evolutionsgeschichte weitere Gehirnregionen hinzukamen[2].

Um Energie zu sparen, strebt das Gehirn ständig danach, alles zu routinisieren[1]. Es belohnt uns für die Ausführung von Gewohnheiten sogar noch mit der Ausschüttung von Botenstoffen, wie beispielsweise Dopamin, durch die wir uns wohl fühlen. Manche Menschen eignen sich aus tiefer Verunsicherung so starke Gewohnheiten an, dass sie daran fast ersticken. Sigmund Freud sah in Gewohnheiten sogar Gemeinsamkeiten mit dem Todestrieb, da sie im Extremfall alles Lebendige aus dem Leben entfernten. Achtsamkeit, Neugierde und Spontaneität sind Gegenpole der Gewohnheiten und werden gerade durch die Konfrontation mit Neuem hervorgerufen. Wer sein Verhalten und seine Denkmuster verändern möchte, muss den Kontext ändern.

Ein anderes, neues Denken erlebte ich immer wieder an dem Punkt der Verwandlung, an dem ich aus den eingeschliffenen Gewohnheiten ausbrach und   Rückwärtslaufen für mich zur Norm wurde. Nach diesem Punkt lief ich rückwärts mit voller Freude weiter.

Der Frankfurt-Marathon ist der älteste Stadtmarathon Deutschlands und zieht jedes Jahr Ende Oktober Tausende von Läufern und noch mehr Zuschauer in seinen Bann. Wegen meines Weltrekordversuchs wurde ich in diesem Jahr zur Pressekonferenz zwei Tage vor dem Rennen eingeladen. Neben mir auf dem Podium saß der Kenianer Wilson Kipsang, den ich fragte, wie schnell er den Marathon laufen möchte. „2:06, maybe 2:05 hours." Daraufhin gab ich ihm meine Anerkennung zu verstehen. Es sollte eine Zeit von 2:04:57 Stunden werden und damit die damals achtschnellste jemals gelaufene Marathonzeit. „And you? Two hours and what?" „No", entgegnete ich ihm, „3:40 hours, I am running backwards." Er lachte und sagte, dass er mir das nicht glaube. Ich überzeugte ihn mit einem Bericht aus dem vor uns liegenden Marathonheft.

Wilson Kipsang sollte ein Jahr später beim Frankfurt-Marathon nur um vier Sekunden am Weltrekord vorbei laufen. Nach dem Gewinn der Bronzemedaille im Marathon bei den Olympischen Spielen 2012 in London stellte er beim Berlin-Marathon 2013 dann tatsächlich einen neuen Weltrekord in 2:03:23 Stunden auf.

Vor dem Start reihten sich etwa 20.000 Läufer dicht gedrängt wie an einer Schnur Hunderte Meter weit hinter die Startlinie. Mit den Organisatoren hatte ich vereinbart, ganz vorne im Feld zu starten, wo die schnellsten Athleten, unter anderem aus Kenia, ihren Platz einnahmen. Zwar würde ich gerade am Anfang des Rennens sehr gut aufpassen müssen, nicht von ihnen überrannt zu werden, jedoch schien mir diese Variante sinnvoller zu sein, als mitten im dichten Hauptfeld zu starten. Mit meinen beiden Begleitläufern einigte ich mich darauf, unmittelbar neben die Bande am Rand der Strecke zu gehen. Erst im letzten Moment vor dem Startschuss drehte ich mich um, ging kurz in mich und spürte, dass ich bereit für das Abenteuer war.

Dann fiel der Startschuss. Geschützt von der Bande und den Begleitläufern, die vor und hinter mir liefen, ließen wir die rennende Läuferschar an uns vorbei. Gut, dass ich auf den ersten Metern nicht über das nachdenken konnte, was wir da taten. Es war in der Tat ziemlich leichtsinnig, wenn nicht sogar gefährlich. Die Enge auf den ersten Metern hatte ich schon bei Halbmarathons in Köln oder Hamburg kennengelernt. Aber hier war es nun noch enger. Und die Enge bewegte sich auch noch sehr schnell, denn sekündlich schossen Läufer an uns vorbei.

Auch für die beiden Begleitläufer war die Situation nicht einfach. Ständig machten sie lautstark auf sich aufmerksam, damit die Läufer sie im letzten Moment noch bemerkten und uns auswichen. Wenn dann doch ein Läufer in unseren kleinen Schutzraum eindrang, strömten gleich mehrere Läufer hinterher und erhöhten unbewusst die Gefahr eines Sturzes, der das Rennen sofort hätte beenden können. Ich hielt meinen Kopf konstant gedreht, um nicht über die Füße der Bande zu stolpern, und musste mich sehr stark konzentrieren. Eine solche Situation kann man nicht trainieren. Heute würde ich sagen, dass schon eine gewisse Portion Naivität dazu gehörte, rückwärts in einer solchen Enge an der Spitze eines Marathonfeldes mit Begleitläufern zu starten, die zwar erfahrene Marathonläufer waren, aber unerfahren in der Begleitung eines Rückwärtsläufers. Ohne sie wäre der Start hier niemals geglückt.

Als nach etwa einem Kilometer endlich mehr Platz vorhanden war und ich meinen Kopf nicht mehr konstant umdrehen musste, war ich sehr erleichtert. In diesem Moment erlebte ich auch beim Frankfurt-Marathon diesen Punkt der Verwandlung. Plötzlich war ich völlig euphorisch und spürte eine große Freude am Laufen. Alle Bedenken und Zweifel waren wie weggeblasen. Dabei wehte gar kein Wind. Die Sonne schien an einem herrlichen Oktobertag von einem wolkenfreien Himmel. Das perfekte Marathonwetter hatte die Läufer heute beschenkt. Die Schritte waren leicht, ich war im Rennen angekommen.

Weil die Gefahren in meinem Rücken nun größer waren als in meinem Sichtfeld, ließ sich der eine Begleitläufer zurückfallen und machte mich nun ebenfalls auf hinter mir liegende Hindernisse aufmerksam. Hinweise der Begleitläufer wie „rechts laufen" oder „Linkskurve in 30 Metern" übersetzte ich problemlos in „links laufen" und „Rechtskurve in 30 Metern". Spielerisch folgten wir dem Streckenkurs, überliefen Straßenbahnschienen und wichen Verkehrsinseln aus. Beflügelt von der Atmosphäre an der Strecke liefen wir den Marathon mit einer Anfangsgeschwindigkeit von 5:08 Minuten pro Kilometer an, die deutlich unter dem notwendigen Schnitt von 5:17 Minuten pro Kilometer für den Weltrekord lag.

Wie ich es bei vorigen Marathons auch schon erfahren hatte, entlud sich gerade in seinem absoluten Beginn die angestaute Vorfreude in Leichtigkeit und Dankbarkeit. Wie in allen Momenten der Dankbarkeit spürte ich das Leben genau jetzt besonders deutlich. Die Bilder, die ich mir vorher von den ersten Kilometern ausgemalt hatte, glichen erstaunlich gut der Realität. Sie waren so ähnlich, dass ich gar nicht so recht glauben konnte, nun wirklich auf der Marathonstrecke zu sein. Zwischen Ungläubigkeit und Dankbarkeit weitete ich meinen Blick und nahm viele Kleinigkeiten wahr. Da war zunächst das Abfallen der Spannung in den Gesichtern meiner Begleitläufer. In den Gesichtern der Läufer, die mit hoher Geschwindigkeit an uns vorbei rasten, erkannte ich weder Leichtigkeit noch Dankbarkeit, sondern nur Entschlossenheit und Konzentration.

Genau nahm ich auch die beeindruckende Stimmung an der Strecke wahr. Momente der Entscheidung kann man als Zuschauer am Anfang eines Marathons natürlich nicht miterleben. In keiner anderen Sportart starten Weltklasseathleten und Hobbysportler zusammen in einem Wettkampf. Und zu keinem Zeitpunkt ist das Feld von den Afrikanern an seiner Spitze bis zu den Hobbyläufern an seinem Ende so nah zusammen und daher so kompakt zu beobachten wie zu Beginn eines Marathons. Diese vielen verschiedenen Welten hier in wenigen Minuten an sich vorbeirauschen zu sehen, machten ebenfalls diese Momente für den Zuschauer besonders. So unterschiedlich die Ziele, Herkunftsländer, sozialen Schichten und das Alter der Läufer zu Beginn dieses Marathons auch gewesen sein mochten, die Vorfreude, Frische und Unfähigkeit vorherzusehen, wie das eigene Rennen verlaufen wird, verbanden uns alle. Dies ist ein Teil der Faszination Marathon. Ein winzig kleiner Teil der großen Masse war ich, eine Welt von den tausenden hier war meine.

Nach drei Kilometern erkannte mich eine Essener Läuferin. Eigentlich wollte sie eine Zeit von 3:30 Stunden laufen, aber dafür, live bei einem Weltrekordversuch dabei zu sein, nahm sie eine langsamere Endzeit in Kauf und begleitete uns fortan. Nun waren wir also schon zu viert. Meine Freude über die zufällig zu uns hinzugestoßene weitere Begleitperson machte mir klar, dass ich auch ungeplanten Dingen offen gegenüberstand und bereit für dieses Rennen war. Ich dachte weder an das Ziel noch machte ich den Wert dieser Momente am Anfang des Rennens abhängig davon, ob ich am Ende das Ziel auch erreichen würde. Vielmehr lebte ich im Moment, sog das Erlebnis in mich auf und genoss es in vollen Zügen.

Kapitel 2

Beim Vorwärtslaufen verengt sich der Weg

Meinen ersten Marathon vorwärts lief ich mit 19 Jahren. In dem Alter war ich Teil einer tollen, gleichaltrigen Laufgruppe. Wir trainierten zusammen, fuhren zu Volksläufen und ins Trainingslager und steckten uns alle gegenseitig mit dem Lauffieber an. Wie übermotiviert und laufverrückt wir alle waren! Von den fünf bis sechs Trainingseinheiten, die wir pro Woche liefen, war mit der 14 Kilometer langen Runde um den Baldeneysee in Essen eine dabei, die häufig zu einem Ausscheidungsrennen wurde. Ein anderes Ausscheidungsrennen war der traditionelle Weihnachtslauf am Morgen des 25. Dezember durch die Ausläufer des Bergischen Landes im Essener Süden. Wer auf der bis zu 25 Kilometer langen Runde völlig erschöpft irgendwann abreißen lassen musste, musste eben sehen, wie er wieder zurück zum Startpunkt kam.

Auf einer Feier forderte ich den schnellsten Läufer unserer Gruppe mal zu einer Wette heraus. Wer es schaffen würde, bei einem 10-Kilometer-Lauf drei Monate später die Nase vorn zu haben, würde die Wette gewinnen. Zum Zeitpunkt des Wettabschlusses nahm er mir noch fünf Minuten über zehn Kilometer ab, aber als es mir in nur wenigen Wochen gelang, meine Bestzeit um 4:30 Minuten in eine 35er Zeit zu verbessern, wurde er so nervös, dass er zwei Mal am Tag trainierte. Dadurch verletzte er sich und sagte unser Duell ab.

Als wir ein paar Wochen danach mal spät abends zusammen in seiner Kellerbar saßen und schon etwas angetrunken waren, einigten wir uns darauf, unser Duell spontan in derselben Nacht auszutragen. Also fuhren wir zum Baldeneysee und liefen um zwei Uhr nachts so schnell wie möglich einmal herum. Obwohl ich damals eine persönliche Bestzeit auf der Strecke aufstellte, die selbst heute immer noch Bestand hat, verlor ich das Rennen mit 30 Sekunden Rückstand. Der Wetteinsatz bestand darin, einen 10-Kilometer-Lauf im Bikini zu finishen. Wenigstens führte das unangenehme Gefühl auf den sechs Runden durch die von vielen Zuschauern gesäumte Dortmunder Innenstadt dazu, dass ich diesen Lauf so schnell wie möglich hinter mich bringen wollte und erstmals eine 34er Zeit lief.

Wettkämpfe und Volksläufe hatten damals natürlich eine besonders große Wichtigkeit für uns. Daher waren einige von uns selbst vor kleineren 10-Kilometer-Straßenläufen in der Provinz überhaupt nicht ansprechbar. Und unser Trainer, ein ehemaliger Hawaii-Ironman-Finisher, war noch verrückter. Auch wenn wir ihn bei einem 10-Kilometer-Lauf oder Halbmarathon nicht an der Strecke sehen konnten, konnten wir ihn hören. Auf einmal ertönte hinter einem Hügel oder aus dem Wald heraus laut der eigene Name, wenn jemand von uns es wagte, mal ein paar Schritte langsamer zu laufen. Wir schufen eine Mannschaftskasse, in die jeder, der eine neue

Bestzeit lief, einen Cent pro herunter geknabberter Sekunde einzahlen musste. Vor allem bei den Marathons, die wir liefen, kamen da so einige Euros zusammen.

Ich erinnere mich noch gut an eine Heimfahrt vom Training, als unser Fahrer plötzlich an einer Hauptstraße anhielt und aus dem Wagen stieg, ohne ein Wort zu sagen. Wir anderen waren etwas überrascht, gingen ihm nach und sahen ihn vor einem Laufgeschäft stehen, um sich die neuen Laufschuhe durch die Glasscheibe anzusehen.

Das Laufen war so tief in unserer Gedankenstruktur verwurzelt, dass wir uns auch auf Partys immer nur über das Laufen unterhielten. Darüber beschwerten sich Freunde schon manchmal, die nicht liefen. Apropos: Partys feiern konnten wir genauso gut wie laufen! Immer wenn am Samstag ein Wettkampf war, gingen wir am Samstagabend auf die Piste, und wenn am Sonntag ein Wettkampf war, zogen wir am Freitag los. Frei nach dem Motto, wer richtig trainieren kann, kann auch richtig feiern! Oder andersherum, wer richtig feiern war, muss auch trainieren können.

Auch wegen unseres Teamgeistes wurden wir in dieser Zeit Westdeutscher Mannschaftsmeister in der Jugendwertung über zehn Kilometer, im Halbmarathon und im Marathon. In den folgenden Jahren erlief ich mit 33er und 34er Zeiten über zehn Kilometer einige Siege bei Volksläufen. Ein anderer von uns lief mit 30er Zeiten in die deutsche Spitze über 10.000 Meter und wieder ein anderer gewann den Essen-Marathon in 2:20 Stunden und wurde Weltmeister im Duathlon.

Drei von uns gingen zum Studium nach Münster und machten im ersten Semester den Hochschulsportkurs Laufen mit. Die sympathische Trainerin Heike Fitschen war die damalige Freundin (und heutige Frau) von Jan Fitschen, der zwei Jahre später in Göteborg Europameister über 10.000 Meter werden sollte. Aufgrund unserer Fitness wusste sie manchmal nicht mehr, welche Extraintervalle sie uns noch geben sollte. Noch Jahre später waren wir in diesem Laufkurs nur als die legendären Essener bekannt, auch weil wir entweder zu dritt kamen oder gar nicht.

Erst nach meinem Umzug nach Münster, als sich meine Umgebung in gemütlichere Kommilitonen änderte, fiel mir auf, wie laufverrückt mein Umfeld in Essen war. In Essen war ich noch der Meinung gewesen, dass es ganz normal wäre, gleichaltrige Freunde zu haben, von denen einer lauf-verrückter ist als der andere. Nein, es war nicht normal, es war etwas Besonderes. Heute bin ich mir sicher, dass die Fitness, die ich mir in diesen Jahren angeeignet hatte, mir sehr bei den Herausforderungen geholfen hat, die im späteren Leben auch neben dem Sportlichen noch auf mich zukommen sollten.

Bei der Vorbereitung auf meinen ersten Marathon 2003 in Bonn hatte ich von Trainingslehre noch keine Ahnung, aber ich erkannte schon damals die entspannende Wirkung des Laufens. Ich war oft erstaunt darüber, wie befreiend sich langes gleichmäßiges Laufen anfühlte und wie frei der Kopf nach dem Laufen war. Nachdem ich bereits Jahre lang Fußball und Tennis gespielt hatte, fühlte sich gerade das Laufen nach etwas an, das natürlich, richtig und ursprünglich war. Diese Erfahrung machte ich später immer wieder, und heute bin ich dankbar, dieses Etwas noch immer zu spüren, wenn ich mich auf einem langen Lauf durch die Natur befinde. Es fühlt sich an, zu etwas zurückzukehren, an das ich mich nicht mehr erinnern kann, in eine Zeit, die lange vor dem Computerzeitalter uns zu dem machte, was wir heute sind.

Vor etwa sechs Millionen Jahren trennten sich die evolutionären Wege von Mensch und Schimpanse[3]. Während Schimpansen körperliche Eigenschaften besitzen, die für das Gehen geeignet sind, nahm der menschliche Körper mit der Zeit Merkmale eines schnellen Tieres an. So besitzt der Mensch im Gegensatz zum Schimpansen zum Beispiel ein Nackenband, das hinter dem Kopf ansetzt und bei schneller Bewegung als Stabilisator des Kopfes dient, und einen großen Gesäßmuskel, der bewirkt, dass der Körper trotz der hohen Bewegungsenergie beim Laufen nicht nach vorne fällt.

Fußabdrücke auf getrockneter Asche des Vulkans Sadiman in Tansania weisen darauf hin, dass unser Vorfahre, der Australopithecus afarensis, bereits vor 3,6 Millionen Jahren aufrecht ging. Der aufrechte Gang ließ den Brustkorb anschwellen und verbesserte die Aufnahme von Luft deutlich. Je besser die Aufnahme von Sauerstoff funktioniert, desto länger lässt sich eine Höchstgeschwindigkeit halten.

Darüber hinaus, und dies sind wohl unsere größten Trümpfe, sind wir die einzigen Säugetiere, die mehr als einen Schritt pro Atemzug zurücklegen können und ihre Körperwärme über die Haut in Form von Millionen Schweißdrüsen abgeben. Säugetiere mit Fell können sich nur über ihre Atmung abkühlen.

Mit Sprintern und Langstreckenläufern gibt es zwei verschiedene Lauftypen im Tierreich. Bei uns Menschen sind die Beine und Füße dicht mit elastischen Bändern bestückt, die uns zu außerordentlichen Langstreckenläufern machen, ja sogar zum besten Langstreckenläufer im Tierreich. Dass selbst Pferde über lange Distanzen langsamer sind als

Menschen, zeigt das jährlich stattfindende 80 Kilometer lange Rennen „Man Against Horse" im US-Bundesstaat Arizona, bei dem regelmäßig ein Mensch gewinnt.

Seit etwa zwei Millionen Jahren steht Fleisch auf dem Ernährungsplan der Hominiden. Durch die Proteinzufuhr vergrößerte sich die Oberfläche das menschlichen Gehirns durch eine intensive Faltung auf das Siebenfache verglichen mit anderen Säugetieren. Während Pfeil und Bogen 20.000 Jahre und die Speerspitze 200.000 Jahre alt sind, müssen sich die Hominiden Zehntausende von Generationen lang Zugang zu Fleisch ohne die Hilfe von Jagdwerkzeugen verschafft haben. Die Wissenschaftler Bramble und Lieberman von der Utah-Universität veröffentlichten 2004 einen Artikel über 26 Ausdauermerkmale am menschlichen Körper im Wissenschaftsmagazin Nature mit dem Titel *Endurance Running and the Evolution of Homo*[4]. In dem Artikel postulierten die Wissenschaftler, dass die Hominiden zur Erlangung von Fleisch eine Ausdauerjagd betrieben, auf der sie Herdentiere so lange ausdauernd hinterherjagten, bis diese umfielen und starben.

Sie konnten ihre Theorie jedoch nicht belegen, da ihre Suche nach Menschen, die die Ausdauerjagd heute noch durchführen, 20 Jahre lang erfolglos blieb[3]. Sie wussten nicht, dass zur selben Zeit diese Frage auch den jungen US-amerikanischen Studenten Louis Liebenberg umtrieb. Er brach schließlich sein Studium ab, reiste ohne Kenntnisse der lokalen Sprachen und des wissenschaftlichen Arbeitens nach Afrika und machte in der Kalahari-Wüste, die in Namibia und Botswana liegt, tatsächlich sechs traditionell lebende Jäger eines Seri-Stammes ausfindig, die die Ausdauerjagd heute noch beherrschen. Er verbrachte vier Jahre mit ihnen

34

und eignete sich neben einer hervorragenden Kondition ein umfangreiches Wissen über Fährtenlesen an. Beides sind wesentliche Voraussetzungen für eine erfolgreiche Ausdauerjagd. Sie konnte mehrere Stunden lang dauern und schulte uns in unserer Evolutionsgeschichte in kognitiven Fähigkeiten wie Konzentrationsfähigkeit, Vorstellungskraft und Empathie.

Zu 99 Prozent unserer Evolutionsgeschichte waren eine sehr gute Ausdauer überlebenswichtig und Herumsitzen ein absoluter Luxus. Da unser Gehirn ständig versucht, Energie zu sparen, rät es uns zum Ausruhen. Der rasante Fortschritt hin zu Jagdwerkzeugen, Ackerbau und Viehzucht, Landwirtschaft, Domestizierung von Reittieren und der industriellen und digitalen Revolution ließ Herumsitzen zur Lebensweise in unserer heutigen Welt werden, in die unsere Körper einfach nicht hineinpassen. Für Bramble sind die Folgen Übergewicht, Schlaflosigkeit, Depressionen, Herzkrankheiten, Schlaganfälle, Diabetes und Bluthochdruck[4].

Der norwegische Naturforscher Carl Sophus Lumholtz sagte bereits im 19. Jahrhundert, dass Gewalt, Gier und all unsere Sorgen vielleicht erst in dem Augenblick begannen, als wir aufhörten, als Fußläufer zu leben[3]. Denn wenn man die eigene Natur verleugne, suche sie sich einen anderen hässlicheren Weg. Die laufenden Menschen hatten keine Medikamente, sie hatten das Laufen. Daraus schließt Bramble, dass wir alle zum Laufen geboren sind.

Ich bin auch der Meinung, dass wir zum Vorwärtslaufen geboren sind. Wenn unser Körper im Laufe der Zeit etliche Merkmale entwickelt hat, die uns zu ausdauernden Vorwärtsläufern machten, wirft das natürlich die Frage auf, warum ich rückwärts laufe. Ich habe immer wieder die Erfahrung gemacht, dass Rückwärtslaufen mir sehr viel Freude bereitet und viele Vorteile bietet. Zunächst schult Rückwärtslaufen die Koordination, den Gleichgewichtssinn, die Konzentration und ist gelenkschonend.

Was ich am Rückwärtslaufen auch toll finde, ist der Perspektivwechsel, der zu einer anderen, neuen Sichtweise auf die Dinge führt und die Sinne schärft, weil ich die Umgebung nicht mehr hauptsächlich mit den Augen wahrnehme. Wie viele Dinge im Leben mache ich im Wachzustand schon, ohne dass meine Augen daran beteiligt sind? Fast überhaupt keine, wenn ich mal von Kleinigkeiten absehe, wie zum Beispiel den Weg durchs dunkle Schlafzimmer ins Bett zu finden, nachdem ich den Lichtschalter ausgeknipst habe.

Für uns Menschen ist von unseren fünf Sinnen zur Wahrnehmung der Außenwelt der Sehsinn mit Abstand der wichtigste. Insgesamt sind etwa 60 Prozent der Regionen in der Großhirnrinde, in denen die Verarbeitung von Sinnesreizen stattfindet, an der Wahrnehmung und Interpretation von visuellen Reizen beteiligt[5]. Dafür sind etliche visuelle Zentren verantwortlich, die alle vernetzt miteinander arbeiten.

Bei von Geburt an blinden Menschen werden diese für das Sehen zuständigen Gehirnregionen zum besseren Hören und Tasten genutzt. Das Sehzentrum ist bei Blinden folglich in der Lage, neue Funktionen zu übernehmen, die Verarbeitungsleistung anderer Sinne zu erhöhen und ihre Wahrnehmung der Außenwelt zu verfeinern. Ich konnte es mir lange nicht erklären, warum ich beim Rückwärtslaufen ebenfalls das Gefühl hatte, die Umgebung anders wahrzunehmen als beim Vorwärtslaufen.

Für die Wahrnehmung der Welt um uns herum halten wir die Augen für so wichtig, dass wir oft nur das für wahr halten, was wir mit eigenen Augen sehen. Weil Wahrnehmung auch viel mit Fokussierung zu tun hat, nehmen wir mit den Augen jedoch nur einen Bruchteil unserer Außenwelt tatsächlich wahr. Und nehmen wir von dem, was wir nicht sehen können, wie komplizierte Zusammenhänge oder Sichtweisen anderer, nicht noch viel weniger wahr?

Wollen wir viele Dinge vielleicht gar nicht wahrnehmen oder verstehen und verschließen unsere Augen davor, gerade weil wir sie nicht sehen können? So konstruieren wir den Großteil der Welt, den wir nicht sehen können, mit Vereinfachungen und Vorurteilen und laufen, obwohl die Augen permanent aktiv sind, doch nahezu blind und unwissend durchs Leben. Um die eigene begrenzte Sichtweise zu erweitern, lohnt sich ein Perspektivwechsel immer.

Beim Laufen hat ein Perspektivwechsel den weiteren Vorteil, dass sich der Blick auf den Teil der Strecke richtet, den ich bereits erfolgreich zurückgelegt habe, und nicht auf den Weg, der noch vor mir liegt. Der Philosoph Günter Seuren schrieb in seiner Kurzgeschichte *Das Experiment* im Jahr 1970 über den Perspektivwechsel[6]: „Eines Tages", sagte der Mann, „war ich ganz alleine in einem windstillen Park. Ich hörte Amseln neben mir im Gebüsch nach Futter stochern, ich hörte Tauben gurren - und eine große Ruhe überkam mich. Ich ging ein paar Schritte rückwärts, und ich weiß jetzt: Wenn man immer nur vorwärts geht, verengt sich der Weg. Als ich anfing, rückwärts zu gehen, sah ich die übergangenen und übersehenen Dinge, ich hörte sogar das Überhörte. Sie werden entschuldigen, wenn ich mich Ihnen nicht ganz verständlich machen kann. Verlangen Sie keine

Logik von mir, die Entdeckung, die ich gemacht habe, lässt sich nicht in Worte fassen".

Auch für den Philosophen Wilhelm Schmid ist es immer bereichernd die Perspektive zu wechseln, denn dieser Wechsel mache die Sinne wach und wecke Aufmerksamkeit[6]. Alles, was zur Intensität der Sinne beiträgt, sei wertvoll. Gerade weil das menschliche Leben grundsätzlich experimentell sei, sei es immer gut, offen für Experimente wie etwa das Rückwärtslaufen zu sein und neue Dinge auszuprobieren. Denn nur, wenn wir Neues erprobten, fänden wir heraus, was wir überhaupt können. Ich persönlich erlebe beim Rückwärtslaufen darüber hinaus eine andere Dimension des Laufens, die ich lange nicht richtig beschreiben konnte.

Kapitel 3

Fahren oder fliegen

Während sich das Marathonfeld auf den ersten Kilometern durch die Frankfurter Innenstadt schlängelte, spielte sich unser kleines Team immer besser ein. Ein guter Überblick und klare Hinweise meiner Begleitläufer machten es mir einfach, schnell eine Vertrauensbasis zu ihnen aufzubauen. Ich spürte, dass ich mich auf sie verlassen kann. Dadurch brauchte ich meinen Kopf nicht mehr über meine Schulter zu drehen, sondern schaute beim Laufen ausnahmslos nach hinten zurück. Ich sah in zahlreiche Gesichter von Läufern, die uns nun mit einer immer geringeren Geschwindigkeit überholten. Entweder war es das Lächeln dieser Läufer, das bei mir ein Lächeln hervorrief, oder es war genau anders herum, dass mein Lächeln sie ansteckte, denn Freude war mein vorherrschendes Gefühl zu Beginn dieses Marathons. Freude, die von innen kam und sich in einem großen Lächeln äußerte.

Gerade zu Beginn des Marathons, wo die Kraftreserven noch voll sind und die Anstrengung gering, entwickelten sich mit den anderen Läufern viele kleinere Gespräche. „Laufen

Sie den ganzen Marathon so?" oder „Sind Sie der Rückwärts-läufer?" waren häufige Fragen der Läufer. Einer fragte mich: „Dir ist bewusst, dass das hier ein Marathon ist, oder?" Viele riefen mir noch „Viel Erfolg!" zu, bevor sie in meinem Rücken verschwanden.

Zwischen den Gesprächen ließ ich meinen Blick über die gesamte Breite der Strecke schweifen und ein paar Meter weiter bis zu den unteren Etagen der Hochhäuser der Frank-furter Skyline. Wie stumme bewegungslose Riesen wirkten sie so gegensätzlich zum hektischen Treiben auf und neben der Strecke. Schon der Versuch, bis zu dem Punkt hochzu-schauen, wo ihr Dach den Himmel berührt, löste leichte Schwindelgefühle in mir aus. Ich sah die vielen Zuschauer an der Strecke, die wiederum mit suchenden Augen nach ihren Liebsten im Feld Ausschau hielten. Sie waren so fokussiert auf den kurzen Moment des Entdeckens ihres einen Läufers, dass sie vieles andere übersahen. So kam es vor, dass ich bei einigen Zuschauern eine heftige Reaktion der Überraschung auslöste, weil sie mich erst im letzten Augenblick wahr-nahmen.

So wie wir Läufer an den Zuschauern vorbeirauschten, so rauschten die Bilder und Geräusche an mir vorbei. Ich wollte sie alle aufnehmen und spüren, aber dafür waren es einfach zu viele. Während mein Alltag zu viele Reize beinhaltet, die mir nicht gut tun, wie etwa Werbungen oder unnötige Nach-richten, konnte ich von der Reizüberflutung hier gar nicht genug bekommen. Oft entschied ich mich jedoch für ein paar ganz wenige ausgewählte Reize und nahm diese dafür umso intensiver wahr.

Während die vielen äußeren Reize sich zu einer gewissen Hektik aufsummierten, fand ich im Laufen nun eine immer größere innere Ruhe. In den zurückliegenden Wochen hatte mir das Training sowie die Planung und Organisation meiner Vorbereitungswettkämpfe schon eine gewisse Arbeit bereitet. Als Belohnung oder Ziel dieser Arbeit erschien mir stets dieser Marathon hier. Ruhe durchströmte mich in dem Gefühl, dass diese ganze Arbeit ja nun hinter mir liege, dabei lag der Marathon fast noch komplett vor mir. Vielleicht zeichnet auch gerade diese Entkrampfung einen Marathon aus. Während wir unseren Alltag oft vollständig durchplanen, kann man bei einem Marathon die Kontrolle einmal abgeben, sich langsam darauf einlassen und Entspannung und das Bewusstsein zulassen, die nächsten Stunden eben mal nicht vorweg planen zu können. So lief ich immer mehr in Entspannung, Ruhe und Freude.

Nach fünf Kilometern zeigte die Uhr 25:36 Minuten an. 5:07 Minuten pro Kilometer, das war eine sehr gute Anfangszeit! Pro Kilometer hatten wir also bereits 10 Sekunden Puffer herausgelaufen, und das nach dem schwierigen Start! Das Laufen schien so leicht, dass es sich gar nicht nach Laufen anfühlte, sondern eher nach Fahren oder Fliegen. Natürlich war ich mir der Gefahr bewusst, hier aus Leichtigkeit zu schnell anzulaufen und dies später im Rennen teuer bezahlen zu müssen. Daher überprüfte ich immer wieder meine Lauftechnik. Laufe ich kraftschonend? Nutze ich genau den Laufstil, der sich für mich im Laufe vieler Trainingsläufe als der einfachste erwiesen hat?

Beim Rückwärtslaufen berührt nur der Vorfuß den Boden, während die Ferse keinen Kontakt zum Boden hat. Das Vorfußlaufen wird beim Vorwärtslaufen bei hoher Laufgeschwindigkeit, wie etwa auf Sprint- oder Mittelstrecken, gegenüber dem Fersenlaufen bevorzugt, bei dem der Fuß zuerst mit der Ferse auf dem Boden auftritt, dann nach vorne abrollt und sich mit dem Vorfuß nach vorne abstößt[7].

Beim Vorwärts-Vorfußlaufen wirken beim Auftritt und der nachfolgenden Sinkbewegung erhebliche Zugkräfte auf den Vorfuß und den Muskel- und Sehnenapparat, vor allem auf die Wade und den Achillessehnenansatz am Fersenbein. Weil die Beinmuskulatur hauptsächlich die Aufprallenergie abfedert, werden dabei die Gelenke, insbesondere das Knie, geschont. Während beim Fersenlauf vom Auftritt bis zum Abstoß des Fußes etwa 30 Zentimeter zurückgelegt werden, liegen Auftritt und Abstoß beim Vorfußlaufen dicht beieinander. Dies erfordert ein erhöhtes Abspringen beim Abstoß des Fußes nach vorne und führt zu einem höheren Aufprall beim Auftritt. Beim Rückwärtslaufen findet der Abstoß des Vorfußes nicht nach vorne statt, sondern nach hinten. Rückwärtslaufen ist ein springendes Laufen zurück vom einen Vorfuß auf den anderen. Somit ist die Belastung der Waden und der hinteren Oberschenkel noch höher als beim Vorwärts-Vorfußlaufen.

Während beim Vorwärtslaufen die Unterschenkel schlank sein sollten, sind beim Rückwärtslaufen gerade kräftige Waden nützlich. Als mir in der neunten und zehnten Schulklasse Radtouren erstmals die Freude am Ausdauersport vermittelten, war ich sehr überrascht, wie muskulös meine Waden geworden waren. Sie hatten damals schon so ausgesehen, als hätte ich ein Kotelett verschluckt. Um die Kräfte, die beim Rückwärtslaufen auf die Waden wirken, etwas abzufedern, bevorzuge ich Laufschuhe mit einer ausgeprägten Dämpfung.

Beim Vorwärtslaufen ist der Oberkörper leicht nach vorne gebeugt, weil der Hintern als Stabilisator dient. Beim

42

Rückwärtslaufen ist der Hintern vorn. Daher darf der Oberkörper nicht leicht in Laufrichtung gebeugt sein, sondern muss selbst als Stabilisator dienen und eine gerade, vertikale Haltung einnehmen. Die vertikale Oberkörperhaltung reduziert die Bewegungsenergie, die wiederum die Schrittlänge um bis zu 30 Prozent verkürzt. Bei einer Laufgeschwindigkeit von 4:40 Minuten pro Kilometer beträgt die Anzahl der Schritte pro Minute beim Vorwärtslaufen 155 und beim Rückwärtslaufen 175, wie Wissenschaftler der Kentucky-Universität nachwiesen[8].

Wissenschaftler der Mailand-Universität fanden heraus, dass der Körper aufgrund der höheren Schrittfrequenz beim Rückwärtslaufen zehn Prozent mehr Arbeit für dieselbe Geschwindigkeit verrichtet als beim Vorwärtslaufen und dass für diese zehn Prozent mehr Arbeit 30 Prozent mehr Stoffwechselenergie aufgewendet werden muss[9]. Daraus schlossen sie, dass Rückwärtslaufen eine um 15 Prozent geringere mechanische Effizienz aufweist als Vorwärtslaufen. Zudem wirke die verkürzte Schrittlänge knieschonend.

Eine weitere Schonung erfährt das Kniegelenk beim Rückwärtslaufen aufgrund des geringeren Kniebelastungszeitraums im Vergleich zum Vorwärtslaufen, wie Wissenschaftler der walisischen Cardiff-Universität nachwiesen. Der geringere Kniebelastungszeitraum reduziere die Kompressionskräfte auf das Patellofemoralgelenk, das sich zwischen der Kniescheibe und dem Oberschenkelknochen befindet, um bis zu 33 Prozent und entlaste so das Kniegelenk deutlich[10]. Zudem werden beim Rückwärtslaufen im Knie, im Knöchel und in der Hüfte rund zehn Prozent mehr Muskelmasse gebildet als beim Vorwärtslaufen, wie Wissenschaftler der Harvard-Universität aufzeigten[11].

Ich persönlich ziehe das Bein bei jedem Absprung des Fußes etwas nach außen und vor der Landung wieder nach innen. Diese Rückwärtslauftechnik bezeichne ich als 8, weil die Beinbewegung von oben betrachtet in etwa wie eine 8 aussieht. Die Bewegung der Beine nach außen verhindert, dass sich beide Beine berühren, und reduziert somit die Gefahr eines Sturzes deutlich. Weil wir uns nach hinten nicht abstützen können, ist Stürzen beim Rückwärtslaufen viel gefährlicher als beim Vorwärtslaufen. Um die geringere Bewegungsenergie beim Rückwärtslaufen etwas auszugleichen, schwinge ich die Arme mehr nach vorn und zurück.

Der Bewegungsablauf zwischen Vorwärtslaufen und Rückwärtslaufen ist so ähnlich, dass ein Rückwärtsläufer in einem rückwärts abgespulten Video so aussieht, als würde er vorwärts laufen. Der einzige Unterschied ist das Umdrehen des Kopfes beim Rückwärtslaufen. Und dieser Unterschied fiel für mich beim Frankfurt-Marathon auch noch weg, weil meine Begleitläufer so eine gute Arbeit machten.

Nach der 7-Kilometer-Marke rief mir ein Begleitläufer „Verpflegungsstand in 50 Metern" zu. Während er einen Pappbecher Wasser nahm, versuchte ich, die zu Dutzenden auf der Strecke verstreuten Pappbecher wie ein Slalomläufer zu umlaufen. Es dauerte ein paar Momente, bis wir vier uns alle wieder gefunden hatten. Die Stimmung an der Strecke war schon jetzt gut. Bei Trainingsläufen im Regen oder durch Industriegebiete wehrte sich der innere Schweinehund manchmal sehr. Aber hier, bei dieser Stimmung und dem tollen Wetter fühlte ich mich getragen und lief mit großer Leichtigkeit. Um die Bodenhaftung nicht zu verlieren, nahm ich punktuell ganz bewusst die Freude am Laufen heraus. Erst in diesen Momenten wurde mir klar, dass dies gerade wirklich das Ereignis ist, auf das ich so lange hingefiebert hatte. Dieses Bewusstwerden hielt immer nur kurz an, denn dann ergab ich mich wieder all den Reizen, die auf mich einströmten. Ich hatte fast das Gefühl, dass ich mich kneifen muss, um zu realisieren, dass mein Empfinden echt ist.

Beim Blick in die Gesichter der Begleitläufer sah ich, dass auch sie die Stimmung an der Strecke angesteckt und die Freude am Laufen gepackt hatte. Aber natürlich mussten sie immer vorausschauend laufen und alle möglichen Hindernisse im Blick haben. Bis auf kurze Anweisungen redeten wir nicht viel miteinander. Einen Marathon läuft man ja auch nicht, um zu reden, sondern um zu spüren. Bereits die ersten Kilometer bei diesem Marathon zeigten mir wieder auf, dass Worte manchmal eben nicht das wiedergeben können, was man spürt. So liefen wir jeder für sich, schon jetzt berauscht und ergriffen, nur unterbrochen von kurzen Ansagen, in diesen Marathon hinein.

Mit den Organisatoren war verabredet, dass nach etwa acht Kilometern, wenn sich das Feld schon etwas auseinander gezogen haben könnte, ein Radfahrer als weitere Begleitperson zu uns stoßen dürfe. Vor allem auf der zweiten Marathonhälfte, wenn womöglich die Konzentration der Begleitläufer irgendwann nachlassen könnte, ist eine Radbegleitung besonders wichtig. Jedoch war die Strecke immer noch so voll und die Sicht durch die zahlreichen Zuschauer am Streckenrand verdeckt, dass er uns leicht übersehen konnte. Also hielten auch wir Ausschau nach ihm, die Begleitläufer nach vorne und ich nach hinten. Aber Mist, wir finden uns nicht. Die Radbegleitung wusste natürlich, mit welcher Laufgeschwindigkeit wir den Marathon angingen, aber dennoch konnte er nicht genau sagen, ob wir schon vor oder noch hinter ihm auf der Strecke waren. Und je länger wir unterwegs waren, desto schwieriger wurde es für ihn, uns zu finden.

Natürlich hätte ich mir Sorgen machen können, dass wir uns dauerhaft verpassen. Dieser Sorge schenkte ich jedoch keine Aufmerksamkeit, denn sie kam einfach nicht gegen die Glücksgefühle an, die der Marathon in mir auslöste. Und sowieso, was hätte es bringen sollen, sich darüber jetzt den Kopf zu zerbrechen? Der Großteil aller Sorgen soll sowieso völlig unbegründet sein. Da Sorgen machen nur Energie kostet, sparte ich sie lieber auf und lief mit dem Gefühl weiter, dass die Radbegleitung und wir uns schon bald finden würden. Plötzlich sah ich im Feld hinter mir immer mal wieder etwas großes Gelbes aufblitzen. Es näherte sich uns kontinuierlich und dann erkannte ich einen als Banane verkleideten Läufer. „Ich laufe immer in diesem Kostüm." sagte er. Bevor mir die Frage „Warum?" einfiel, verschwand er schon in meinem Rücken. Und bestimmt hatte er sich genau dieselbe Frage über mich gestellt!

In diesem Rennen gab es neben meinem noch einen weiteren Weltrekordversuch eines Blinden. Er wurde von einem Begleitläufer über die gesamte Strecke an einem Band geführt. Meine Begleitläufer führten mich ebenso gut. Es kostete mich keine Energie, ihre Ansagen zu verstehen und darauf zu reagieren. Während wir immer noch neben der Bande her liefen, war ich erstaunt darüber, wie schnell sie jedes Mal das nächste Kilometerschild ansagten.

Nach zehn Kilometern zeigte die Uhr 51:18 Minuten an. Weiterhin liefen wir also etwa zehn Sekunden pro Kilometer heraus. Aber viel wichtiger und schöner war, dass mir das Rennen bis hier sehr viel Spaß und Freude gemacht hatte.

Während sich die Sonne von einem wolkenlosen Himmel im Main spiegelte und das bunt gefärbte Blattwerk der Bäume an der Strecke erst zur vollen Schönheit erstrahlte, war ich ein bisschen traurig darüber, dass ein knappes Viertel des Marathons schon vorbei sein sollte. Kurz darauf rief jemand: „Hey Leute, da seid ihr ja!" Die Radbegleitung hatte uns gefunden! Wir begrüßten ihn euphorisch. Nun waren wir zu fünft.

Als Gruppe endlich vereint inmitten des Marathonfeldes und vieler Zuschauer am Streckenrand: Christoph, Eric auf dem Rad, ich, Stefan und Ümran links vom Bildrand (v. r. n. l.). Foto: Cosima Eisenhuth

Kapitel 4

„Rückwärts zu neuen Zielen"

Beim Frankfurt-Marathon war ich der einzige Rückwärtsläufer. Der erste überhaupt bin ich bei Weitem nicht. Lange
vor mir hat es immer wieder Menschen gegeben, die aus
unterschiedlichsten Gründen beschlossen, rückwärts zu
laufen. Erstmals wurde das Rückwärtslaufen bereits 1826
erwähnt[12]. Am 30. Mai 1829 stand im Münchner Tagblatt
folgende Anzeige, natürlich auf Sütterlin: „Schnell Vor- und
Rückwärts laufen. Dem hohen Adel und verehrungswürdigen
Publikum produciren die Ehre haben. Er läuft in 49 Minuten
vom Ußschneider'schen Brauhause nach Remphenburg, und
von da mit einer Balancierstange rückwärts herein." Oder so
ähnlich. Ach, ich kann kein Sütterlin lesen!

In den 1880er und 1890er Jahren ließ der erfolgreichste
US-amerikanische Boxtrainer seiner Zeit, William Muldoon,
seine Athleten vier bis acht Meilen am Tag rückwärts laufen,
um die Fußbewegung und das Gleichgewicht im Ring zu
verbessern[13]. Sein Schützling John L. Sullivan ging 1885 als
erster offiziell geführter Schwergewichtsweltmeister in die
Boxgeschichte ein. Weitere Boxer, die das Rückwärtslaufen

in ihr Training einbauten, waren Gene Tunney, Steve Reeves, Sugar Ray Leonard und die Legende schlechthin, Muhammed Ali.

1930 stellte dann ein gewisser Bill Robinson einen neuen Weltrekord über 100 Yards (91,44 Meter) in 13,5 Sekunden auf. Robinson war ein sehr berühmter Stepptänzer. Auftritte in Broadway Shows und eine Kinokarriere machten ihn mit einem geschätzten Vermögen von zwei Millionen US-Dollar zum bestbezahlten afroamerikanischen Entertainer der USA in der ersten Hälfte des 20. Jahrhunderts. Er war ein sehr warmherziger und hilfsbereiter Mensch und besuchte während der Großen Depression Anfang der 1930er Jahre zahlreiche Wohltätigkeitsveranstaltungen. Einmal kam er seinem Landsmann Jesse Owens zu Hilfe, der vor dem Gewinn seiner vier Goldmedaillen bei den Olympischen Spielen 1936 in Berlin in großer Geldnot war. Um die Popularität von Owens zu steigern, bot Robinson ihm im Mai 1935 ein Duell an - Owens über 75 Yards vorwärts gegen Robinson über 50 Yards rückwärts. Owens, der später zum schnellsten Mann der Welt werden sollte, gewann das Duell mit vier Yards Vorsprung und war zu dem Zeitpunkt 22 Jahre alt. Robinson war 57.

Erst im Jahr 1977 gelang es dem Neuseeländer Paul Wilson, Robinsons Weltrekord über 100 Yards mit einer Zeit von 13,3 Sekunden zu unterbieten. 1978 entdeckte der Franzose Christian Grollé das Rückwärtslaufen für sich. Der größte Pionier dieser Sportart machte es sich in den folgenden Jahrzehnten zur Lebensaufgabe, weltweit in Vorträgen seine Philosophie des Rückwärtslaufens zu vermitteln und eindringlich zu einer Entschleunigung aufzurufen.

In den 1980er Jahren sprengte der Inder Arvind Morarbhai Pandya jede Grenze. Zunächst lief er 1984 rückwärts durch die Vereinigten Staaten von Amerika. Für die rund 5.100 Kilometer von Los Angeles nach New York brauchte er 107 Tage[14]. Im Schnitt lief er somit 47 Kilometer täglich. Und damit nicht genug. Ein paar Jahre später vollbrachte Pandya dann noch einmal eine unfassbare Leistung, als er zu Wohltätigkeitszwecken von der einen Spitze Englands bis zur anderen rückwärts lief. Für die 1.560 Kilometer von John o'Groats nach Lands End brauchte Pandya nur 26 Tage und 7 Stunden. Folglich lief er fast 60 Kilometer am Tag. Insgesamt soll er in seinem Leben etwa 12.000 Kilometer rückwärts gelaufen sein.

Weitere Legenden des Rückwärtslaufsports der 1980er Jahre waren der Franzose Yves Pol und der US-Amerikaner Anthony Thornton. Pol verbesserte die Weltrekorde im Halbmarathon 1987 auf 1:42 Stunden und im Marathon auf 3:57:26 Stunden sowie über 10.000 Meter auf 42 Minuten[15]. Zu seinem Markenzeichen wurde das Singen beim Laufen. Seine Rekordjagd beendete jäh ein Unfall, der wohl beim Wandern in den Bergen passierte und ihn in den Rollstuhl zwang. Thornton lief 1988 bei einem 24-Stundenlauf 153 Kilometer rückwärts und stellte damit einen heute noch gültigen Weltrekord auf. Beim Rückwärtslaufen hatte er das Gefühl, die Welt komme auf ihn zu, dabei bewegte er sich von ihr weg.

Berry Bates von der US-amerikanischen Oregon-Universität führte ebenfalls in den 1980er Jahren erstmals medizinische und biomechanische Untersuchungen zum Rückwärtslaufen durch. Er machte in Laborexperimenten deutlich, dass Rückwärtslaufen zu einer maximalen Kniestreckung und

Hüftbeugung und einer geraderen Körperhaltung führt und stressreduzierend auf anatomische Strukturen wirkt[16]. Vorteile des Rückwärtslaufens sah er in einer verbesserten Sauerstoffzufuhr, Muskelfunktionsfähigkeit und Wechselspiel zwischen Agonist und Antigonist. Zudem beuge Rückwärtslaufen Verletzungen am Knie und an der Achillesferse vor. Daher empfahl Bates damals schon, das Rückwärtslaufen vermehrt ins Training von vielen Sportarten einzubauen.

Später betreute Bates die Dissertation von Alan Wayne Arata mit dem Titel *Kinematic and Kinetic Evaluation of High Speed Backwards Running* (Kinematische und kinetische Bewertung von sehr schnellem Rückwärtslaufen)[17]. Darin untersuchte Arata die körperlichen Unterschiede zwischen Rückwärtsläufern, die Wettkämpfe austrugen, und solchen, die es als Hobby sahen, bei verschiedenen Laufgeschwindigkeiten. Für beide Gruppen nahm mit zunehmender Laufgeschwindigkeit die Belastung der meisten Muskelgruppen linear zu. Obwohl Arata an Bates Lehrstuhl Exercise and Movement Science an der Oregon-Universität arbeitete und forschte, erhielt er erstaunlicherweise den Doktor der Philosophie für sein Werk.

Wissenschaftler der Texas-Universität wiesen nach, dass beim Rückwärtslaufen die Herzfrequenz um 15 Prozent, der Sauerstoffverbrauch um 30 Prozent und der Energieverbrauch und damit die Kalorienverbrennung ebenfalls um 30 Prozent höher sind als beim Vorwärtslaufen[18]. Mit zunehmender Laufgeschwindigkeit auf 4:45 Minuten pro Kilometer erhöht sich der Unterschied in der Kalorienverbrennung auf 37 Prozent und steigt bei noch höherer Laufgeschwindigkeit sogar noch weiter an[11]. Wissenschaftler der

Stellenbosch-Universität in Südafrika wiesen nach, dass nach sechs Wochen integrativem Rückwärtslauftraining der Körperfettanteil um bis zu 2,4 Prozent abnimmt[19]. Daraus schlossen sie, dass Rückwärtslaufen zu einem besseren Zusammenspiel von Herz und Atmung führt.

Ebenfalls in den 1980er Jahren veröffentliche der US-Amerikaner Robert Stevenson ein Buch mit dem Titel *Backwards Running*[13]. Darin schreibt er, dass Rückwärtslaufen ein fantastisches Mittel sei, den Körper zu trainieren, und sich hervorragend für den Aufbau von Kondition eigne, weil es das Herz-Kreislauf-System und Muskeln am ganzen Körper stärke. Weitere Vorteile seien eine Verbesserung der Widerstandskraft, des Durchhaltevermögens, des Gleichgewichtssinns und der Lebensqualität. Zudem gebe Rückwärtslaufen Energie, verbessere die mentale Einstellung und reduziere die Hemmschwelle, die Dinge im Leben zu tun, die man immer schon mal tun wollte.

Der erste offizielle Rückwärtswettlauf in Europa fand 1992 in Italien statt, das in den folgenden Jahren zur verrücktesten Rückwärtslaufnation werden sollte. Im selben Jahr gab auf der anderen Seite der Welt, in Meilo County in West-Taiwan, ein 41-jähriger Berufskellner einen Fitnesskurs. Darin ließ Ching-kuang Hsueh die Teilnehmer spontan auf dem Laufband rückwärts laufen. Eine neue Idee wurde in ihm geboren, die sein Leben auf einen Schlag veränderte. Im selben Jahr absolvierte er seinen ersten Rückwärtslauf. Über 200 weitere sollten folgen[12]. Rückwärts lief Hsueh alias Backmantony die Marathons in Berlin, Rom, Wien, Paris, Budapest, Graz, Amsterdam, St. Peterburg, Queensland, Naha, Peking, Hong Kong sowie fünf Mal den in Tokio und zwei Mal den in New York. Zudem lief er diverse 12- und

24-Stunden-Läufe, 50- und 100-Kilometer-Läufe und Doppelmarathons rückwärts. Einmal nahm er rückwärts beim Deutschlandlauf teil. Auf der etwa 1.200 Kilometer langen Strecke von Kap Arkona auf Rügen über Berlin durch das Brandenburger Tor, den Harz und die schwäbische Alb bis nach Weil am Rhein lief er durchschnittlich 71 Kilometer am Tag. Mehrmals nahm er an der Tour de Taiwan teil und legte die etwa 1.000 Kilometer lange Strecke rückwärts auf dem Skateboard, Fahrrad und laufend zurück. Zudem lief er sechs Mal beim Treppenlauf Teipeh 101 in Taiwan die 91 Stockwerke auf das 448 Meter hohe Gebäude rückwärts hoch.

Backmantony läuft, weil er glaubt, dass Laufen ein Impulsgeber von den Füßen zum Gehirn sei. Rückwärtslaufen ist für ihn nicht nur ein wahrer Jungbrunnen, sondern auch ein Mittel, um Körperbalance und Lebensdauer in Einklang zu bringen und den Energiefluss im Körper umzudrehen. Er habe eine Menge vom Rückwärtslaufen gelernt, weil er jedes Rennen mit Liebe und Sorgfalt betrachte. Er sagt, dass er für den Rest seines Lebens auf der Suche nach dem Frieden für die ganze Welt sei.

Seit 2001 promotet der Augsburger Roland Wegner das Rückwärtslaufen in Deutschland unter dem Namen Retrorunning. Als der deutsche Altersklassenmeister über 400 Meter vorwärts wegen anhaltender Knieschmerzen bereits seine Leichtathletikkarriere beenden wollte, stellte er fest, dass er rückwärts schmerzfrei sprinten konnte. Seine zweite Erkenntnis nach ein paar Wochen Rückwärts-Training war, dass er auch vorwärts wieder schmerzfrei laufen konnte. Und seine dritte Erkenntnis war, dass er auch rückwärts verdammt schnell ist. Einen Weltrekord stellte er unter anderem über 100 Meter in 13,6 Sekunden auf[15]. In seinem Buch *Rück-*

wärts zu neuen Zielen schreibt er, dass Rückwärtslaufen besonders Menschen mit stark verkürzter Hüft- und Beckenmuskulatur zu Gute komme, also allen, die viel im Büro sitzen[12]. Denn beim Rückwärtslaufen erfolge die Bewegung über die Hüfte, wodurch die verschobenen Beckenschaufeln wieder frei gelegt würden. Dies stärke die Hüfte, die Wirbelsäule und den Rücken. Zudem wies er darauf hin, dass Rückwärtslaufen ein wesentlicher Bestandteil vieler anderer Sportarten ist wie beispielsweise Fußball, Tennis und Handball. Auf seine Initiative hin wurde im Jahr 2005 der Verband Internationale-Retro-Runner (IRR) gegründet, um internationale Meisterschaften ausrichten zu können.

Seit 2006 finden alle zwei Jahre Weltmeisterschaften im Rückwärtslaufen statt. Die erste IRR-Weltmeisterschaft wurde im Juni 2006 in Rotkreuz in der Schweiz ausgetragen. Als etwa vier Monate später mein Kumpel in Laufklamotten an meine Wohnungstür klopfte und mich fragte, ob ich ihn nicht begleiten wolle, hatten wir natürlich noch nichts von einer Rückwärtslauf-Weltmeisterschaft in der Schweiz gehört. Auch als die Zahl unserer Laufpartner und Kilometer in den folgenden Wochen stetig stieg, dachten wir noch, wir wären ja wohl die einzigen auf der Welt, die auf die Idee kommen würden, rückwärts zu laufen!

Schließlich fand einer von uns im damals noch beliebten sozialen Netzwerk StudiVZ eine Gruppe mit dem Namen „Rückwärtsläufer". Anfangs konnten wir gar nicht glauben, dass jemand anderes diese Gruppe überhaupt gegründet hatte. Und dieser andere, Roland Wegner, schrieb doch Anfang 2008 tatsächlich in diese Gruppe, dass im September eine Weltmeisterschaft im Rückwärtslaufen im italienischen Pietrasanta in einem Leichtathletikstadion stattfinden würde -

mit Streckendistanzen über 100, 200, 400, 800, 1.500, 3.000, 5.000 und 10.000 Meter. Wir lachten uns schlapp. Obwohl einige von uns schon mitten in der Diplomarbeit steckten, schlugen wir unsere Hände ein. Damit war klar, wir fahren zur WM!

So machte ich mich mit drei Freunden auf eine 15 Stunden lange Autofahrt von Münster an die italienische Mittelmeerküste. Es war eine Fahrt ziemlich ins Blaue hinein, denn wir hatten überhaupt keine Erwartungen. Und wie es im Leben manchmal so ist, wenn die Erwartungen gering sind, wurde es einfach toll. Wir lernten inspirierende und offene Menschen kennen, wie zum Beispiel Backmantony aus Taiwan und den Schwaben Thomas Dold.

Dold liebt das Außergewöhnliche und hat es beim Rückwärtslaufen und im Treppenlaufen in die absolute Weltspitze geschafft. Er gewann mit dem Empire State Building Run-Up in New York sieben Mal hintereinander den prestigeträchtigsten Treppenlauf der Welt. Zudem siegte er beim Teipeh 101 in Taiwan, beim Sky Run in Berlin und bei weiteren Treppenläufen in Peking, Singapur, Vietnam, Sydney, Sao Paolo, Katar, Hanoi, London, Mailand, Basel, Wien, Stuttgart und München[20,21].

Im Rückwärtslaufen stellte niemand so viele Weltrekorde auf wie Dold, zum Beispiel über 400 Meter in 69 Sekunden, 800 Meter in 2:31 Minuten oder 3.000 Meter in 11:11 Minuten[15]. Da kommen selbst viele Vorwärtsläufer nicht mehr mit. Dold sagt, dass er rückwärts schneller sei als 99 Prozent der Deutschen vorwärts[22]. Rückwärtslaufen bedeutet für ihn herauszufinden, wozu Körper und Geist fähig sind, dem Unbekannten entgegenzulaufen und dennoch selbstbewusst und zielsicher den eigenen Weg zu gehen.

Die liechtensteinische Teilnehmerin Kerstin Metzler-Mennenga ist die erfolgreichste Rückwärtsläuferin. Zwischen 2006 und 2009 stellte sie Weltrekorde über 5.000 Meter in 24:11 Minuten, über 10.000 Meter in 51 Minuten, im Halbmarathon in 1:57 Stunden und im Marathon in 4:42 Stunden auf[15]. Weitere Teilnehmer der Weltmeisterschaft kamen aus Italien, Spanien, Österreich, der Schweiz, der Türkei, Slowenien, Brasilien und Deutschland und machten sie zu einem internationalen und kulturübergreifenden Sportfest.

Bei Bahnmeisterschaften war mir vorher manchmal eine Distanziertheit und Ichbezogenheit unter den Sportlern aufgefallen. Die Atmosphäre hier war an beiden Wettkampftagen sehr freundlich. Wir fanden heraus, dass beim Rückwärtslaufen laut Regelwerk die Zehenspitzen entgegengesetzt zur Laufrichtung zu zeigen haben und die Startnummer auf der Rückseite des Lauftrikots anzubringen ist. Und wir stellten fest, dass bei einer Weltmeisterschaft jeder einfach teilnehmen kann und es keine Qualifikation gibt. Und wie wir uns über die Bronzemedaille in der 4x100-Meter-Staffel freuten! Ich freute mich auch sehr über den Gewinn der Bronzemedaille über 10.000 Meter in 51 Minuten.

Persönlich widmete ich mich 2009 dann wieder dem Vorwärtslaufen, trat in einen großen Münsteraner Laufverein (Laufsportfreunde Münster e.V.) ein und nahm an zahlreichen Wettkämpfen über zehn Kilometer teil. Wie viel und intensiv ich auch trainierte, meine 33er Bestzeit sollte ich einfach nicht erneut erreichen. In der Folge war ich sehr verbissen und verlor etwas die Freude am Laufen. Diese Verbissenheit hatte ein paar Jahre zuvor schon mal dazu geführt, dass ich trotz einer Erkältung an meinem Marathontraining festhielt und schließlich tagelang mit einer Lungenentzündung im Krankenhaus lag. Eines Abends fand ich im Internet zufällig die Weltrekordliste im Rückwärtslaufen. Ich spann etwas herum. Die Rekorde über die Sprint- und Mittelstreckendistanzen waren für mich als Langstreckenläufer absolut außer Reichweite. Puh, Thomas Dold, ist der schnell über 1.500 Meter und 3.000 Meter[15], und der Amerikaner Brian Godey, 19:31 Minuten über 5.000 Meter, völlig unmöglich!

Ich scrollte die Liste weiter runter. Yves Pol, wer ist das denn? 10.000 Meter in 42 Minuten, mh, Halbmarathon in 1:42 Stunden. Ich rechnete nach. Das ist ein Tempo von 4:50 Minuten pro Kilometer. Auf 10.000 Metern bin ich das bei der Weltmeisterschaft in Italien doch schon fast gelaufen! Ich klickte die Liste wieder weg und trainierte vorwärts weiter. Dann brach ich im Herbst beim Münster-Marathon völlig ein. Ein paar Wochen später erlebte ich beim Essen-Marathon ein ähnliches Trauerspiel, weil ich auf der zweiten Hälfte des Marathons immer langsamer wurde. Daher schaute ich mir noch mal diese Weltrekordliste an.

Mh, dieser Halbmarathon-Rekord, soll ich das nicht wirklich mal versuchen? Habe ich nicht sowieso mal Lust auf eine neue Herausforderung? Dann müsste ich auch außerhalb der Tartanbahn auf Feld- und Radwegen rückwärts trainieren. Würden mich die Blicke der Passanten stören? Nein, überhaupt nicht. Das waren die ersten grundlegenden Gedanken.

Doch dann ging es weiter. Ich fragte mich nicht: „Warum solltest du es machen?", sondern „Warum solltest du es eigentlich nicht machen?" Oft im Leben entstehen Dinge doch erst, wenn wir uns etwas trauen oder unsere Komfortzone mal verlassen. Vielleicht sind solche Momente auch Wendepunkte im Leben, die uns entweder zu dem zurückführen, was wir bereits kennen, oder uns ganz neue Wege und Möglichkeiten eröffnen. Es ist wie der Moment, eine tolle Frau vor sich zu sehen und nicht zu wissen, ob man sie ansprechen soll. Tut man es nicht, bleibt alles so, wie es ist. Aber tut man es doch, kann man mit dem größten Geschenk überhaupt belohnt werden. Im Endeffekt wissen wir doch gar nicht, was wir verpassen, solange wir etwas nicht tun. Der englischsprachige Lyriker Eliot sagte einmal: „Nur wer riskiert, zu weit zu gehen, hat die Chance herauszufinden, wie weit man gehen kann."

Je länger ich darüber nachdachte, desto mehr wurde mir klar, dass ich es versuchen muss! Zuerst lief ich im Training fünf Kilometer rückwärts, dann steigerte ich die Distanz auf zehn Kilometer und auf 14 Kilometer. Es ging erstaunlich gut und was noch besser war, es machte mir richtig Spaß! Ich machte ein paar Mal Intervalltraining rückwärts, und nach sechs Wochen Training stand ich bei einem Halbmarathon in Essen an meinem geliebten Baldeneysee zusammen mit etwa 400 Vorwärtsläufern mit dem Rücken an der Startlinie. Obwohl es im Rennen zwischenzeitlich in Strömen goss und heftig gewitterte, unterbot ich den 22 Jahre alten Weltrekord von Yves Pol um 91 Sekunden auf 1:40:29 Stunden. Zu meiner Überraschung lief ich zwei Wochen später über zehn Kilometer vorwärts wieder eine 33er Zeit. Daraus schloss ich, dass Rückwärtslaufen auch vorwärts schneller macht.

CERTIFICATE

The fastest half marathon
run backwards is
1 hr 40 min 29 sec by
Achim Aretz (Germany)
at the 19th TUSEM August Blumensaat in
Essen, North Rhine-Westphalia, Germany,
on 28 November 2009

GUINNESS WORLD RECORDS LTD

Zieleinlauf im strömenden Regen am Baldeneysee und Urkunde vom Guinness-Buch der Rekorde für den neuen Halbmarathon-Weltrekord im Rückwärtslaufen. Die offizielle Weltrekordliste im Rückwärtslaufen[15] hat mit dem Guinness-Buch nichts zu tun. Zudem sind die Richtlinien, die vom Guinness-Buch zur Anerkennung eines Weltrekordes ausgeschrieben sind, allein sieben Seiten lang. Voraussetzung für die Aufnahme dieses Weltrekordes waren ein vor dem Versuch genehmigter Antrag und danach zwei unabhängige Zeugenbestätigungen, verschiedene Pressemitteilungen, Fotos und Videoaufnahmen, Kopien des Vermessungsprotokolls und der Urkunde, eine notarielle Beglaubigung für jede Kopie und für jedes deutschsprachige Dokument eine englische Übersetzung. Aus diesen Gründen habe ich nicht noch einmal einen Antrag beim Guinness-Buch gestellt.

Im Juli 2010 fuhr ich mit einem Freund zu einer Laufveranstaltung nach Bremerhaven. Er wollte dort den Halbmarathon vorwärts laufen und ich den 10-Kilometer-Lauf rückwärts. Um Geld zu sparen, schlugen wir einfach neben einem kleinen Park unsere Zelte auf. Währenddessen gerieten wir in das Blickfeld von ein paar Jugendlichen, die wohl nicht so viel von uns hielten und uns als Penner beschimpften. Normalerweise erreichte ich bei Volksläufen, die ich rückwärts lief, im ersten Drittel oder Viertel des Teilnehmerfeldes das Ziel. Hier lief ich nun inmitten der gut 300 Teilnehmer mit einer 43er Zeit überraschend auf Platz 19.

Bei der dritten IRR-Weltmeisterschaft im Rückwärtslaufen im August 2010 im österreichischen Kapfenberg war ich mit ein paar Freunden natürlich wieder dabei. Während die allermeisten Athleten sich die Chance nicht nehmen ließen, im Hotel mit Sichtweite zum Stadion zu nächtigen, zogen wir einen etwa zehn Kilometer entfernten Campingplatz vor.

Als wir bei der Besichtigung des Stadions auf einen interessierten älteren Einheimischen trafen, der uns fragte, was es denn mit dieser Veranstaltung in seiner Kleinstadt auf sich habe, überredeten wir ihn zur Teilnahme. Nachdem Peter Wassermann die Bronzemedaille über 100 Meter in seiner Altersklasse gewonnen hatte, fiel er vor uns vor Dankbarkeit auf die Knie.

Die Stimmung unter den Athleten war beeindruckend. Freundlichkeit und Fairness bestimmten die Atmosphäre und sie wirkte ansteckend. Viele, die einmal bei einer Weltmeisterschaft dabei waren, kommen beim nächsten Mal wieder. So wächst die Teilnehmer- und Nationenanzahl immer weiter. Peter, den wir nur Retep nennen, trainierte fortan drei

Mal in der Woche rückwärts und nahm ebenso an allen weiteren Weltmeisterschaften teil.

Mein Ziel bei dieser Weltmeisterschaft war die Unterbietung von Yves Pols Weltrekordzeit von 42 Minuten über 10.000 Meter. Als ich am Abend vor dem Rennen früh schlafen gehen wollte, stellte ich fest, dass es in mein Zelt geregnet hatte. Zunächst versuchte ich schnell einzuschlafen, aber als das einfach nicht gelingen wollte, bot mir mitten in der Nacht ein Freund den Platz in seinem Zelt an und schlief stattdessen im Auto. Daher war ich am nächsten Morgen doch fit und bereit für das Rennen. Und tatsächlich, bei strahlendem Sonnenschein lief ich nach 41:26 Minuten über die Ziellinie.

Danach begann für mich ein intensiver Wettkampfherbst im Rückwärtslaufen. Im Drei-Wochen-Rhythmus lief ich nun drei Halbmarathons rückwärts. Sie sollten bereits als Training für den Frankfurt-Marathon dienen. Zunächst wurde ich zum Halbmarathon des Blankeneser Heldenlaufs in Hamburg eingeladen. Die anfängliche Vermutung, dass es dort flach ist, sollte sich als falsch herausstellen. Als nach etwa zehn Kilometern die ersten Treppen kamen, versuchte ich noch, sie ohne die Benutzung des Geländers zu meistern, und stürzte dabei um ein Haar. Daraufhin zog ich mich am Geländer rückwärtsgehend hoch und ignorierte die etlichen Stiche der Brennnesseln, die entlang des Geländers hoch gewachsen waren. Während die anderen Läufer vorwärts und ohne Brennnesselkontakt an mir vorbeiliefen, waren das schon Momente, in denen ich mich fragte, was ich hier eigentlich gerade tue.

Als es wieder herunter ging, fragte ich einen Läufer, ob dies nun die letzten Stufen waren. „Pillepalle" sagte er, „ist das bis jetzt gewesen." Und wie Recht er damit hatte! Bei Kilometer 13 erwartete mich nach einem heftigen Straßenanstieg eine der längsten Treppenwände, die ich jemals hoch gelaufen bin. Als ich von unten hinauf schaute, sah ich das Ende der Stufen nicht. Mehr als 100 müssen es gewesen sein.

Nachdem ich völlig erschöpft oben angekommen war, verlief die weitere Strecke auf einem Waldweg hinab und wies etliche Kurven und Hindernisse wie große Steine, einzelne Stufen und Wurzeln auf. Als zehn Meter vor mir ein Läufer hinfiel und schnell wieder aufstand, rief er mir nach: „Man sollte hier rückwärts runter laufen!"

Kilometer fünf beim Blankeneser Heldenlauf[23]. Da war die Stimmung noch gut. Auf der zweiten Hälfte des Halbmarathons sollten die unzähligen Treppen mich an meine körperlichen Grenzen führen. Foto: Patrick Piel

Mein Kopf war nun minutenlang gedreht. Was war ich froh, als endlich wieder Asphalt unter meinen Füßen war! Nach 16 Kilometern war ich sehr erleichtert, als ein Läufer auf die Frage, ob noch Treppen kommen würden, diese verneinte. Jedoch komme noch ein heftiger Waldanstieg. 500 Meter weiter bat er mich um Verzeihung. Eine Treppe habe er vergessen. Kraftlos aber glücklich überquerte ich nach 1:44:49 Stunden die Ziellinie.

Anschließend nahm ich die Einladung zur Teilnahme am Tegernsee-Halbmarathon im Alpenvorland an. In Gmünd am Tegernsee durfte ich in einem luxuriösen Hotelzimmer übernachten. Vom Zelt in Bremerhaven in wenigen Wochen zum 5-Sterne-Hotelzimmer, was war denn jetzt hier los? Die Halbmarathonstrecke, die einmal um den Tegernsee herumführte, bot ein malerisches Panorama. Da ich beim Laufen von einem Radfahrer begleitet wurde, genoss ich immer wieder den Blick auf die tolle Berglandschaft und den in der Sonne weiß glitzernden See.

Als nach etwa fünf Kilometern der erste längere Anstieg kam, feuerten die Zuschauer an der Strecke die Läufer lautstark an. Freunde meiner Eltern, die an der Strecke wohnten, erkannten plötzlich den Sohn ihrer Freunde und riefen mir ganz überrascht hinterher: „Auf geht's, Bodo!" Sie hatten mich mit meinem Zwillingsbruder verwechselt. Nach zehn Kilometern wurde die Strecke hügeliger und der Untergrund änderte sich von Asphalt zu Schotter. Zudem erschwerten eine geringere Wegesbreite und 90°-Kurven die Laufbedingungen. Ich merkte, dass mein Kopf weicher und meine Beine schwerer wurden.

Nach 15 Kilometern ging es zum Glück dauerhaft auf Asphalt weiter. Auf den letzten Kilometern wartete dann ein nicht enden wollender Anstieg. Anders als auf der Treppenwand in Hamburg war ich diesmal sehr froh, rückwärts zu laufen. Denn mein Plan war, mich so lange nicht umzuschauen, bis ich oben war. Als ich dann schließlich doch schwach wurde und mich umdrehte, sah ich leider immer noch nicht das Ende des Anstiegs. Nun musste ich richtig kämpfen. Nachdem es danach schnell wieder auf Seehöhe hinunter gegangen war, kam dann noch mal ein kräftezehrender Anstieg.

Auf der Strecke bergab gab ich noch mal alles, bevor ich endlich die Zuschauermassen im Zielbereich hörte. Die Gefühle des Zieleinlaufs waren überwältigend. Nach 1:37:36 Stunden überlief ich die Ziellinie und unterbot somit meinen alten Weltrekord vom Essener Baldeneysee um 2:40 Minuten. Dieser Weltrekord bekam auf Seite 3 der Frankfurter Allgemeinen Zeitung einen vierspaltigen Artikel mit der Überschrift *Augenpaar im Meer von Hinterköpfen*.

In Münster und in den Medien wurde ich in diesem Herbst immer bekannter. So wurde ich in einen Kindergarten eingeladen und lief dort mit den Kleinen um die Wette. Nachdem ich zum Ende meiner Studentenzeit aus meinem Wohnheim hatte ausziehen müssen, zog es mich in eine kleine Kellerwohnung in einen Münsteraner Vorort ohne Fernseher und Internet, um mich voll und ganz aufs Training konzentrieren zu können. Meine Gedanken kreisten nur noch um Kilometerumfänge und Regeneration. Während einer unruhigen Nacht wachte ich einmal auf und das erste, an das ich dachte, war der Frankfurt-Marathon. Daraufhin schrieb ich einem Freund Dutzende SMS, in denen es ausschließlich um diesen Marathon ging. Ich war wie besessen von diesem Projekt und auch vom Rückwärtslaufen. Heute bin ich ganz froh, dass dieser Zustand nur auf einen kurzen Abschnitt in meinem Leben begrenzt war, denn das Leben hat ja wahrlich noch mehr zu bieten. Aber innerhalb dieses Abschnitts war es das einzige, das mich wirklich interessierte.

STECKBRIEF

ACHIM ARETZ, 26, MÜNSTER

» Achim Aretz ist der aktuelle Weltrekordhalter im Rückwärtslaufen über die Halbmarathondistanz (1:40:29 Stunden). Im August unterbot er bei den Weltmeisterschaften in Kapfenberg (Österreich) die 20 Jahre alte Bestleistung des Franzosen Yves Pol (42:34 Minuten) deutlich und stellte auch einen neuen Rekord über 10 000 Meter auf: 41:26 Minuten.

1 Mein Lieblingsessen vor einem Wettkampf
Am liebsten esse ich Nudeln mit Tomatensoße. Leider gibt es keine Spezialnahrung für Rückwärtsläufer.

2 Und danach:
Nach einem Wettkampf esse ich am liebsten eine Bratwurst – von hinten nach vorn.

4 Ich könnte nicht trainieren ohne ...
... ein Ziel, das ich mir gesetzt habe.

3 Meine bevorzugte Selbstbelohnung nach hartem Training
Zum Beispiel Ferngucken. Dabei versuche ich aber darauf zu achten, dass ich nicht mit dem Rücken zum Fernseher sitze.

5 Mein größtes Laster
Ich gucke mich leider beim Rückwärtslaufen viel zu selten um.

6 Mein „Mantra" beim Laufen
„Du kannst alles schaffen!"

7 Die schönste Laufstrecke
... liegt im Yosemite-Nationalpark in den USA.

8 So sieht ein idealer Lauftag aus
Am liebsten laufe ich an lauen Sommerabenden mit guten Freunden kilometerlang rückwärts. Und nach dem Training ziehe ich dann wie die anderen auch vorwärts um die Häuser.

9 Mit dieser Person würde ich gern mal laufen gehen
Hsueh Ching-Kuang, der den Spitznamen „Backman Tony" trägt. Er hat schon viele Hundert Rückwärtslaufwettkämpfe mitgemacht und hält mit 13:20 Stunden den 100-Kilometer-Weltrekord im Rückwärtslaufen.

10 Mein Erfolgsgeheimnis
Man muss immer an sich glauben. Alles ist möglich!

Steckbrief des Laufmagazins RUNNER'S WORLD[24]. Damals wusste ich nicht, dass der 100-Kilometer-Weltrekord von Ching-Kuang Hsueh nicht offiziell war. Gelaufen wäre ich trotzdem mal gerne mit ihm.

Zwei Wochen nach dem Tegernsee-Halbmarathon ging ich dann auch noch beim Köln-Halbmarathon rückwärts an den Start. Als der Startschuss fiel, drehte ich mich im Läuferpulk um und ging rückwärts zur Startlinie. Auch dahinter ging es nicht viel schneller voran. Überall waren Läufer. Auf engstem Raum wurde ich überholt, musste ich ausweichen und die Augen nach hinten, vorne, rechts und links gleichzeitig richten. Nach einem Kilometer zeigte die Uhr 5:30 Minuten an und verriet, dass ich schon eine Minute zur Aufstellung eines neuen Weltrekordes verloren hatte. Als ich nach zwei Kilometern die Deutzer Brücke erreichte, entschied ich mich, aus Platzgründen lieber zwischen den Zuschauern herzulaufen als auf der Strecke. Es war wirklich ein außerordentlich schwieriger Start. Glücklicherweise lotste mich ein Trainer meines Laufvereins sicher durch die Enge.

Trotz seiner großen Hilfe musste ich auf den ersten fünf Kilometern meinen Kopf konstant gedreht halten. Dadurch stiegen leichte Schwindelgefühle in mir auf. Erst nach und nach zog sich das Feld so weit auseinander, dass ich meinem Kopf Umdrehpausen gönnen konnte. Mit zunehmender Distanz machte mir das Rückwärtslaufen immer mehr Freude. An Knotenpunkten in der Innenstadt, an denen wir mehrfach vorbei liefen, war die Stimmung an der Strecke richtig ausgelassen. Auf der zweiten Hälfte wurden wir immer schneller. Bei Kilometer 19 erblickte ich den Kölner Dom. Es war ein schönes Gefühl, auf der Domplatte in Richtung Deutzer Brücke und Ziel zu laufen.

Kurz vor dem Ziel streckten wir unsere Arme in die Höhe und liefen glücklich nach 1:36:30 Stunden über die Ziellinie. Damit hatte ich den Weltrekord vom Tegernsee-Halbmarathon noch mal um 66 Sekunden unterboten und mein Begleitläufer ebenfalls eine neue Bestzeit aufgestellt. Zugleich diente der Köln-Halbmarathon als halbe Generalprobe. Denn vier Wochen danach war schon der Frankfurt-Marathon.

Diese drei Halbmarathons waren sicherlich ein gutes Training. Gleichzeitig hatten sie für mich noch eine Grenze im Kopf dargestellt. Von dem bevorstehenden Marathon versprach ich mir eine Grenzüberschreitung, eine Horizonterweiterung und eine neue mir bislang unbekannte Dimension des Rückwärtslaufens.

Kapitel 5

Die Weltmeisterschaft in der Heimatstadt

Im Mai 2011 stellte Thomas Dold dann wieder einen neuen Weltrekord auf - über zehn Kilometer in 40:58 Minuten. Moment! Wie kann denn ein Rückblick über den Zeitpunkt der Hauptgeschichte hinausgehen? Denn schließlich war der Frankfurt-Marathon ja bereits im Oktober 2010! Daraus könnte ja fast geschlossen werden, dass ich den Blick in die Vergangenheit in die Zukunft ausdehnen kann?! Ich kann mir gut vorstellen, dass einige von Ihnen, verehrte Leser, sich diese Fähigkeit wünschen. In die Zukunft blicken zu können, nimmt unter den großen Menschheitsträumen sicherlich einen vorderen Platz ein. Aber auch ich muss Sie da leider enttäuschen, da hilft selbst Rückwärtslaufen nicht weiter. Ich laufe zwar in die entgegengesetzte Richtung, wenn vorwärts laufen die normale Laufrichtung ist, aber in die entgegenge-setzte Zeitrichtung sehen, wenn beim Rückblick zurück-schauen die normale Blickrichtung ist, kann ich leider auch nicht. Als Autor kann ich mit der Zeit spielen, als Mensch und Läufer bin auch ich ihr ziemlich ausgeliefert.

Wie gnadenlos der Sekundenzeiger der Uhr ticken kann, sollte ich auch im Juni 2011 beim Oelder Citylauf erfahren, als ich Dolds fünf Wochen jungen Weltrekord über zehn Kilometer angriff. Dafür hatte ich in den zurückliegenden Wochen hart auf der Tartanbahn trainiert. So lief ich zum Beispiel sechs 1000-Meter-Intervalle jeweils zwischen 3:35 und 3:40 Minuten, fünfzehn 400-Meter-Intervalle jeweils zwischen 80 und 85 Sekunden oder mal bei hohen Temperaturen drei 3.000-Meter-Intervalle in jeweils zwölf Minuten. Inzwischen hatte ich ein paar Sponsoren gewinnen können, deren Logos mein Lauftrikot zeigten, zum Beispiel von Erdinger Alkoholfrei oder Polar.

Die Strecke des Frauenelitelaufs, in dem ich auch mitlief, hatte 14 Runden und wies spitze Kurven und mitunter Kopfsteinpflasterpassagen auf. Zum Glück hatte sich mir ein Freund als Begleitläufer angeboten, der mich sicher durch den Parcours lotsen sollte. Vor dem Startschuss war ich bis in die Haarspitzen motiviert. Unter der Moderation von Wolf-Dieter Poschmann lief mit dem Iren Garret Doherty noch ein weiterer Rückwärtsläufer mit. Ihn lernte ich bei der Weltmeisterschaft in Österreich 2010 als einen kreativen Freigeist kennen und lud ihn nun für ein paar Tage nach Essen ein.

Die anfängliche Skepsis, die in Poschmann der Start der beiden Rückwärtsläufer bei diesem mit Topathletinnen besetzten Rennen ausgelöst hatte, legte sich hörbar von Runde zu Runde. Aus „Und da kommt schon der Rückwärtsläufer!" wurde später der Zuruf „Das ist nicht Welt-, das ist Universumrekord!" In der Tat ging ich das Rennen schnell an und legte die ersten fünf Kilometer in 19:36 Minuten zurück.

Adrenalin pur beim 10-Kilometer-Weltrekord in Oelde. Mein Kumpel Marc und eine Radbegleitung führten mich vorbildlich auf der schwierigen Strecke. Die Stimmung im Start-Ziel-Bereich (Foto) war klasse. Foto: Michael Holtkötter

An diesem lauwarmen Sommerabend fühlte ich mich wie getragen von den in mehreren Reihen an der Strecke stehenden Zuschauern und hatte nun ein neues Ziel. Als erster Mensch wollte ich die zehn Kilometer rückwärts unter 40 Minuten laufen. Und leicht ging es weiter, auch nach sechs, sieben und acht Kilometern. Auf dem letzten Kilometer aber musste ich dem Tempo und der hohen Konzentration auf der schwierigen Strecke Tribut zollen und einen Gang herausnehmen. Leider konnte ich zudem wegen des schmalen Zieleinlaufs keinen Schlusssprint machen und lief so nach 40:02 Minuten über die Ziellinie.

Natürlich war die Freude dennoch sehr groß! Es war schließlich ein (fast) perfektes Rennen! Ich hatte Dolds Welt-

71

rekord um 56 Sekunden unterboten und hätte vorher diese Zeit selbst nicht für möglich gehalten. All das schweißtreibende Training in den vergangenen Wochen und Monaten hatte sich gelohnt, die Vorfreude und das Adrenalin sich in diesem geilen Lauf entladen. Ich feierte diesen Weltrekord mit ein paar Freunden bis in den nächsten Morgen.

An den nächsten Tagen jedoch stieg dieses kleine Wörtchen fast in fast perfekt in mein Bewusstsein, und Fragen und Zweifel kamen auf. Hätte ich es nicht doch unter 40 Minuten schaffen können? Wie konnte ich auf dem letzten Kilometer diese Zeit noch aus der Hand geben? Mensch, da hatte ich mein großes Ziel erreicht und meine eigenen Erwartungen sogar übertroffen, warum konnte ich dann trotzdem nicht einfach zufrieden sein?

Dass wir unsere Aufmerksamkeit vermehrt auf das Schlechte und weniger auf die Freude in unserem Leben richten, erklärte der Philosoph Arthur Schopenhauer mit einer verzerrten Wahrnehmung[25]. Während wir die Dinge, die gut liefen, gar nicht recht wahrnähmen, erführen wir alles Unangenehme als unmittelbar, damit wir aktiv dagegen angehen und es aus der Welt schaffen können.

Ich glaube sogar, dass ich in meiner Wahrnehmung nach schlechten Dingen gesucht habe, bis ich diese drei Sekunden fand, die mich von einer 39er Zeit über zehn Kilometer trennten. Wahrscheinlich hätte ich etwas anderes gefunden, wenn ich tatsächlich die Zeit von 39:59 Minuten gelaufen wäre. Meine perfektionistische Einstellung, es immer noch ein bisschen besser machen zu wollen, war damals für mich Fluch und Segen zugleich. Einerseits führte sie zur Unfähigkeit, dauerhaft zufrieden zu sein, andererseits diente sie als Motor für Ziele in meinem Leben, von denen ich mir Zufriedenheit versprach. Meiner Meinung nach hängen Unzufriedenheit und Perfektionismus daher eng miteinander zusammen und sind typisch deutsch. Der Afrikaforscher David Livingstone sagte im 19. Jahrhundert: „Den Fortschritt verdanken wir den Unzufriedenen. Zufriedene wünschen keine Veränderung." Und der chinesische Philosoph Konfuzius sagte bereits vor etwa 2.500 Jahren: „Stillstand ist Rückschritt, Aufhören des Strebens geistiger Tod."

Dieses Weiterstreben half mir auch dabei, im selben Monat meinen eigenen Halbmarathon-Weltrekord beim Mittelrhein-Marathon in Koblenz um 41 Sekunden auf 1:35:49 Stunden zu verbessern. Aber auch nach diesem Weltrekord war ich nicht ganz zufrieden. Denn ich hatte zwischen Kilometer sechs und 13 einen Hänger gehabt, der mich bestimmt ein bis zwei Minuten kostete.

Und überhaupt! Wenn ich über zehn Kilometer rückwärts eine Zeit von 40 Minuten laufen kann, müsste ich dann im Halbmarathon nicht mindestens eine Zeit von 1:29 bis 1:30 Stunden laufen können? Und mit einer Zeit von 1:35 Stunden im Halbmarathon sollte ich doch locker eine Zeit von 3:30 Stunden im Marathon laufen können. Was ich beim Vorwärtslaufen mit zunehmender Streckenlänge schon länger beobachtet hatte, stellte ich auch beim Rückwärtslaufen fest. Meine Umsetzung von zehn Kilometer zum Halbmarathon und vom Halbmarathon zum Marathon könnte besser sein. Auch darüber konnte ich manchmal etwas unzufrieden sein. Meistens war ich mir jedoch völlig bewusst darüber, dass dies ein großes Luxusproblem war.

Vielleicht war es dann tatsächlich eine kurzzeitige Unzufriedenheit, die im Juli 2011 meinen Versuch scheitern ließ, den 5-Kilometer-Weltrekord des US-Amerikaners Brian

Godsey von 19:11 Minuten im niederrheinischen Alpen zu knacken. Ein Grund war vielleicht, dass ich im Vorfeld des Rennens nicht richtig „on fire" war und dies die beiden Tage vor dem Rennen ziemlich verkorkste. Ein anderer Grund war sicherlich, dass der erste Kilometer mit 3:40 Minuten einfach zu schnell war. So kurz ein 5-Kilometer-Lauf im Vergleich zu einem 10er oder Halbmarathon auch sein mag, in diesem Rennen kam mir diese Distanz sehr lang vor. Denn schon nach drei Kilometern war ich völlig platt. So verlor ich anschließend deutlich an Zeit und verfehlte Godseys Zeit mit 20:25 Minuten deutlich. Auf der anschließenden Party in der Kellerbar des Laufveranstalters ließ sich das Rennen ziemlich gut vergessen, denn es zeigte sich wieder einmal, dass auch Läufer richtig gut feiern können. Seit 2011 findet im Rahmen dieser jährlich stattfindenden Laufveranstaltung der LG Alpen ein offizieller „Retro-Run" über fünf Kilometer statt, bei dem jedes Jahr ein paar Teilnehmer an den Start gehen.

Im Herbst 2011 wurde ich von RTL zur „Backwards Challenge" im Rahmen des Mallorca-Marathons eingeladen. Dabei traten über zehn Kilometer Thomas Dold und ich im Rückwärtslaufen gegen die „Promis" Jürgen Milski und Indira Weis im Vorwärtslaufen an. Jürgen Milski war der sympathischste Kandidat in der ersten Big-Brother-Staffel und Indira Weiß entstammte der Band Brosis, die einst bei „Deutschland sucht den Superstar" gewann. Außerdem lernte ich die Sänger Micki Krause und Patrick Nuo kennen. Mir boten die vier Tage im 5-Sterne-Hotel mit Pool, Meerblick und Sauna und eigenem Cabriofahrer interessante Einblicke ins Showgeschäft. Mit zwei Freunden, die nach Mallorca mitreisten, wurden es echt lustige Tage mit einer langen Party am letzten Abend.

Eine weitere Einladung von Terra Xpress zu einem gemeinsamen Dreh mit dem sehr sympathischen Moderator Dirk Steffens nahm ich ebenfalls gerne an. In Erinnerung an diesen Tag blieb mir sein Satz, dass man im Leben nicht immer den geraden Weg gehen müsse, sondern ruhig ein paar Mal querschießen, also ungewöhnliche Entscheidungen treffen sollte.

Mittlerweile war die Weltmeisterschaft im Rückwärtslaufen ein dick eingekreister Termin im Kalender. So reiste ich mit vier Freunden auch zur vierten IRR-Weltmeisterschaft 2012 ins spanische Lleida. Im selben Jahr gründeten wir den ersten offiziellen Rückwärtslaufverein in Deutschland, den 1. RetroRunning-Club Deutschland e.V.. Vier Vereinsmitglieder stammen aus der laufverrückten Gruppe, in der ich mit 20 Jahren war.

Unsere Vereinsfahrt geht oft zum Ahrathon, der im Juni im Ahrtal stattfindet und durch seine Weinberge führt. Das Besondere beim Ahrathon ist, dass an den Verpflegungsständen Wein angeboten wird. Wir starten immer über die Halbmarathondistanz in der Wertung der Kostümläufer. Einmal belegten wir in der Kostümwertung sogar den dritten Platz und gewannen eine Kiste Wein. Gemeldet sind wir natürlich unter unserem Vereinsnamen, und daher laufen wir den Halbmarathon auch rückwärts. Es ist immer eine tolle und für uns zeitlich lange Laufveranstaltung mit viel Wein und ausgelassener Stimmung. Wir wissen immer noch nicht, ob der Muskelkater am nächsten Morgen aus der Kombination Rückwärtslaufen und Wein entsteht oder durch das intensive Tanzen während des anschließenden Live-Konzerts, das draußen an einem der längsten Sommerabende des Jahres bis in die Dunkelheit andauert.

Leider, wie ich finde, wohnen wir heute alle in verschiedenen Städten und teilweise auch Ländern. Wenn wir uns wieder sehen, drehen wir uns alle um und laufen die letzten Meter rückwärts auf uns zu. Manchmal sind es vom Moment, in dem wir uns entdecken, nur wenige Meter bis zu dem Moment, in dem wir uns begrüßen. In einer Innenstadt oder einem belebten Bahnhof können es aber auch mal 50 oder 100 Meter sein. Und manchmal erlebe ich in dem Moment des Umdrehens auch hier eine kleine Entrückung von der Norm. Die Freude über das Wiedersehen führt dann bei allen Vereinsmitgliedern zu einem herzhaften Lachen.

Bei der fünften IRR-Weltmeisterschaft 2014 im italienischen Saint-Vincent gab dann ein gewisser Markus Jürgens sein Debüt. Der Münsteraner siegte im Halbmarathon, der erstmals bei einer Weltmeisterschaft ausgetragen wurde, hauchdünn vor einem Italiener, obwohl dieser 21 Kilometer lang geführt hatte. Jürgens, den ich zuvor auf einer Skilanglaufexkursion kennengelernt und dort aufs Rückwärtslaufen aufmerksam gemacht hatte, wurde zu einem passionierten Langstrecken-Rückwärtsläufer.

Im Spätsommer 2014 starteten Jürgens und ich gemeinsam beim Münster-Marathon als Rückwärts-Staffel. Wir einigten uns darauf, dass Jürgens die erste Hälfte des Marathons läuft und ich die zweite. Schließlich erreichte ich nach 3:35 Stunden das Ziel auf dem stimmungsvollen Prinzipalmarkt. Doch Jürgens stieg nach der Hälfte nicht etwa aus. Das Rückwärtslaufen machte ihm so viel Freude, dass er einfach weiterlief und nach 4:10 Stunden ebenfalls ins Ziel kam. Dies zeigte mir zum ersten Mal, dass Jürgens ein Ausdauerspezialist ist und mit zunehmender Streckenlänge immer stärker wird.

Markus Jürgens kurz vor seinem Weltmeistertitel im Halbmarathon in Italien. Etwa 100 Meter vor Schluss ging er erstmals in Führung. Mit diesem Rennen ging sein Stern auf. Er ist ein großartiger Sportsmann und Botschafter des Rückwärtslaufsports. Foto: Gruppo Monte Cervino

2016 sollte er den Münster-Marathon erneut rückwärts laufen. Weil Verletzungen ihn von einem strukturierten Training abgehalten hatten, ging er das Rennen verhalten an und überquerte die Halbmarathonmarke nach zwei Stunden. Danach wurde er jedoch immer schneller und kam nach 3:51 Stunden ins Ziel.

Zu seiner fantastischen Ausdauer trägt auch der Adventskalenderlauf bei, den er für sich erfand und jedes Jahr im Dezember durchführt. Dabei läuft er jeden Tag die Zahl des Tagesdatums in Kilometern - vorwärts an Tagen mit geradem Tagesdatum und rückwärts an Tagen mit ungeradem Tagesdatum sowie an den ersten zehn Tagen jeweils min-destens zehn Kilometer. Den Adventskalenderlauf, der inzwischen zahlreiche Nachahmer gefunden hat, läuft Jürgens auch für einen guten Zweck. Ein Sponsor spendet für jeden gelaufenen Kilometer von Jürgens einen Euro an eine Stiftung, die sich für Menschen mit Amyotrophe Lateralsklerose (ALS) einsetzt.

Für Jürgens ist Rückwärtslaufen mittlerweile so normal, dass er ab und zu erst an den erstaunten Blicken von Passanten bemerkt, dass er überhaupt rückwärts läuft. In Wettkämpfen ermöglicht ihm sein geschärftes Gehör, den Straßenverlauf am Klatschen der Zuschauer zu erahnen. Er sagt daher, dass er beim Rückwärtslaufen mit den Ohren sehe[26] und die Dinge um ihn herum intensiver wahrnehme. Seine Leidenschaft vermittelt er als Leiter des ersten offiziellen Hochschulkurses Rückwärtslaufen jedes Sommersemester Studenten der Universität Münster.

Im Juni 2016 stellte der Hesse Hassan Kurt einen neuen Weltrekord im Rückwärtslaufen über 100 Kilometer in 21:34 Stunden auf einer Tartanbahn im hessischen Eschborn auf[15], ohne sich auch nur einmal umgedreht zu haben. Über das Rückwärtslaufen sagt er, dass er mit vollem Urvertrauen und ganz konzentriert bei sich sei[27].

Der 47-Jährige glaubt, dass die Menschen beim Rückwärtslaufen sogar ihre glücklichsten Momente erlebten. So habe zum Beispiel der ehemalige niederländische Fußballspieler Roy Makaay nach jedem Torerfolg für seinen Jubel den Rückwärtsgang eingelegt. Denn die Glückshormone, die beim Vorwärtslaufen einströmten, würden sich beim Rückwärtslaufen verdoppeln und vervierfachen.

Kurt geht davon aus, dass es in ein paar Jahren überall Menschen geben werde, die rückwärts laufen und große

Meisterschaften darin austragen. Er gibt wöchentlich ein Rückwärtslauftraining in Eschborn und gründete den zweiten Rückwärtslaufverein in Deutschland mit dem Namen „Reverse Runners Eschborn Hessen e.V."

Der Badener Ralf Klug verbesserte bereits Kurts Weltrekord im 100-Kilometer-Rückwärtslaufen um 14 Minuten auf 21:20 Stunden im Rahmen eines Nachtlaufs im schweizerischen Biel[15], der 800 Höhenmeter aufweist und teilweise über Feldwege führt. Die besten Tipps für sein Rennen bekam er übrigens von Hassan Kurt. Für Klug hat Rückwärtslaufen etwas Philosophisches, da man ständig im Blick habe, was man zurücklässt[28]. Daher würde er es gerade in der heutigen schnelllebigen Zeit begrüßen, wenn mehr Menschen rückwärts liefen.

Der 54-Jährige arbeitet seit Jahrzehnten im Technischen Dienst des Auswärtigen Amtes. Im September 1989 organisierte er den Besuch von Hans-Dietrich Genscher in der Prager Botschaft und seinen Gang auf den Balkon mit, auf dem Genscher den wohl berühmtesten Halbsatz der Geschichte sagte: „Wir sind zu Ihnen gekommen, um Ihnen mitzuteilen, dass heute Ihre Ausreise" Der Rest ging im Jubel von etwa 4.000 DDR-Flüchtlingen unter.

In den folgenden Jahren führte Klug sein Job zu vielen Auslandsstationen in Botschaften weltweit. Als er auf dem streng bewachten Gelände der deutschen Botschaft in Kabul einmal nachts rückwärts lief, hielten ihn die Sicherheitskräfte für einen Eindringling und alarmierten die GSG 9. Die Eliteeinheit stürmte auf ihn zu und war sichtlich überrascht, als Klug sagte, dass er doch nur rückwärts laufe. Besonders die Jobs in Ländern wie Pakistan, Kenia oder eben Afghanistan brachten ihn zu der Erkenntnis, dass wir in Europa auf einem hohen Niveau jammern[29]. Beim Rückwärtslaufen schaue er daher nicht nur zurück auf Geleistetes, sondern habe auch die Zukunft der Menschen im Blick, die es nicht so gut haben.

Im Juli 2016 organisierten wir, die Mitglieder des 1. RetroRunning-Club Deutschlands e.V., die sechste IRR-Weltmeisterschaft dann selbst. Als wir während der Weltmeisterschaft 2014 nach einer Siegerehrung auf dem Podest die Ausrichtung der nächsten Weltmeisterschaft anboten, gaben die übrigen Teilnehmer mit einem großen Applaus ihr Einverständnis zum Ausdruck.

Wir mieteten für vier Tage das größte Leichtathletikstadion in Essen an, das für die meisten von uns die Heimatstadt ist, und besprachen in zahlreichen Skype-Sessions Themen wie Homepage, Sponsoren, Medaillen, Eröffnungsfeier, Einladungsschreiben in alle Welt, Pressearbeit, Kampfrichter, elektronische Zeitmessung, Programmheft, Urkunden, Startnummern, Funktionsshirts, Getränke- und Essensstand, ehrenamtliche Helfer, Fahnen und Nationalhymnen der Teilnehmerländer, Unterkünfte und amtliche Vermessung der Halbmarathonstrecke.

170 Athleten aus den folgenden 24 Ländern hatten sich angemeldet: Italien, Frankreich, Österreich, Spanien, Großbritannien, Irland, Türkei, Polen, Portugal, Schweiz, Moldawien, Katalonien (die Katalonier wollen nicht unter spanischer Flagge starten), Kanada, USA, Mexiko, Kuba, Dominikanische Republik, Venezuela, Nigeria, Israel, Philippinen, China, Australien und Deutschland. Bei der Eröffnungsfeier am Donnerstagabend liefen alle Teilnehmer zusammen unter ihren in die Höhe gestreckten Fahnen eine Runde rückwärts um den Platz.

Eröffnungsfeier der 6. IRR-Weltmeisterschaft im Stadion am Hallo in Essen. Aus aller Welt reisten die Athleten an. Foto: Günter Fuhrmann

Über 200 Meter stellte der der Freiburger Neuling David Winterstein einen neuen Weltrekord in 30,44 Sekunden auf[15]. Der langjährige Leichtathlet bereitete sich ein Jahr lang auf die Weltmeisterschaft vor und stellte fest, dass keine Sportart die Leute in seinem Umfeld so packt wie das Rückwärtslaufen[6].

Beim 10.000-Meter-Rennen am Freitagabend gingen zum ersten Mal überhaupt Thomas Dold und ich gemeinsam an den Start. Jeweils zwei Mal hatten Dold und ich in den vergangenen Jahren über diese Distanz einen Weltrekord aufgestellt. Den Weltrekord 2011 in Oelde über zehn Kilometer, mit dem ich seinen Weltrekord stibitzte, nahm er mir

2015 mit einer Zeit von 39:20 Minuten wieder ab. Somit wurde er der erste Mensch, der rückwärts über zehn Kilometer unter 40 Minuten blieb.

Im Vorfeld der Weltmeisterschaft machte ich 14 Mal Intervalltraining rückwärts, um mir für das 10.000-Meter-Rennen eine hohe Grundgeschwindigkeit anzueignen. Neben Dold und mir standen unter anderem Mitorganisator Marc-André Ocklenburg, der Titelverteidiger über diese Distanz, Mitorganisator Christoph Diehl, der Dritte der letzten beiden Weltmeisterschaften, und Markus Jürgens, der Titelverteidiger im Halbmarathon, an der Startlinie.

Inzwischen war das WDR-Fernsehen anwesend und eine Liveschaltung in die Lokalzeit für den Zieleinlauf verabredet. Vom Startschuss weg war Dold sehr schnell unterwegs und setzte sich ab. Ich genoss den Lauf sehr, nur ansehen konnte man mir es nicht. Denn schon nach etwa 3.000 Metern musste ich richtig kämpfen. Obwohl das Intervalltraining oft nicht ohne gewesen war, hatte hier in diesem Rennen das Gefühl, zum ersten Mal seit langer Zeit wieder voll an meine Grenzen zu gehen.

Schließlich gewann Dold in einer neuen Weltrekordzeit von 38:50 Minuten. Was für ein klasse Rennen von ihm! Ich kam als Zweiter nach 41:42 Minuten ins Ziel. Die Bronzemedaille ging mit einer Zeit von 44:43 Minuten an Marc-André Ocklenburg. Dass es für den sehr guten Stadionmoderator Markus Jürgens trotz einer Zeit von 45:50 Minuten nur zum vierten Platz reichte, verdeutlichte das in vielen Disziplinen gestiegene Niveau bei dieser Weltmeisterschaft. Am Samstagabend war Thomas Dold als Manager der Hahner-Zwillinge noch Gast im aktuellen Sportstudio des ZDF, das Ausschnitte von seinem 10.000-Meter-Weltrekord zeigte.

Das Duell, das keins mehr war. Thomas Dold überrundete mich (Foto) und nahm mir fast drei Minuten über 10.000 Meter ab. Trotzdem war ich zufrieden mit meiner Zeit. Foto: Paolo Calligari

Als der kubanische Teilnehmer Wilfredo Díaz García die Tartanbahn im Stadion erblickte, überkamen ihn die Tränen. Er hatte in seinem ganzen vorherigen Leben Kuba noch nicht verlassen und sich nun einen Lebenstraum erfüllt.

Der US-amerikanische Teilnehmer Aaron Yoder kam durch die Einsicht zum Rückwärtslaufen, dass er es wohl vorwärts nicht mehr zu den olympischen Spielen schaffen würde. Im November 2015 hatte er in Kansas den Weltrekord über eine Meile von Thomas Dold mit einer starken Zeit von 5:54 Minuten nur um acht Sekunden verfehlt. Bei dieser

Weltmeisterschaft gewann er Gold über 800 Meter, 1.500 Meter und 5.000 Meter.

Der Mexikaner Diego Polino berichtete von seiner Teilnahme an einer mittelamerikanischen Meisterschaft im Rückwärtslaufen mit 80 Athleten. Davon hatte keiner der Anwesenden im Stadion jemals gehört.

Ein richtiger Star in seiner dominikanischen Heimat ist Fleury Contreras Urbano. Er musste sich über 100 Meter mit einer Zeit von 15,48 Sekunden nur knapp David Winterstein geschlagen geben.

Von der 4x400-Meter-Staffel der Männer am späten Samstagnachmittag sollten viele Besucher später sagen, dass es das spektakulärste Rennen dieser Weltmeisterschaft war. Den Teilnehmern aus Übersee hatten wir aufgrund ihrer geringen Athletenanzahl die Möglichkeit eingeräumt, eine Kontinentstaffel zu bilden. So traten der US-Amerikaner Yoder, der Mexikaner Polino, der Kubaner Díaz García und Contreras Urbano von der Dominikanischen Republik gemeinsam in einer amerikanischen Staffel an. Außerdem waren unter anderem eine italienische Staffel und als eine deutsche Staffel eine Auswahl des Organisationsteams (in der Läuferreihenfolge ich, Salomon, Diehl, Ocklenburg) am Start, die als Titelverteidiger antrat.

Mittlerweile waren auch etliche Zuschauer im Stadion am Hallo angekommen und bereiteten den Läufern eine sehr gute Stimmung! In der ersten Runde lief es schnell auf ein Duell zwischen dem US-Amerikaner Yoder und mir heraus. Ich war schneller als jemals zuvor im Training und nutzte all das Adrenalin in meinem Körper, um an Yoder dran zu bleiben. Er übergab dann ein paar Meter vor mir den Staffelstab an Polino aus Mexiko und ich an Salomon.

Es wurde so laut im Stadion, dass die Anfeuerungsrufe gar nicht mehr ankamen. Polino, der trotz einer starken Runde von Salomon den Vorsprung etwas ausbauen konnte, übergab an den Kubaner Díaz García und Salomon an Diehl. Auf den letzten 100 Metern zog Diehl mit einem tollen Schlussspurt an Díaz García vorbei und übergab als Erster an unseren Schlussläufer Ocklenburg. Da erreichte die Stimmung ihren Siedepunkt!

Contreras Urbano von der Dominikanischen Republik übernahm den Stab von Díaz García unmittelbar danach und überholte Ocklenburg auf der Innenbahn. Beide Staffeln waren zu dem Zeitpunkt absolut auf Weltrekordkurs von 5:36 Minuten. Contreras Urbano erlief sich auf den ersten 200 Metern einen Vorsprung, den Ocklenburg zwar noch verkürzen konnte, aber letztlich siegte die amerikanische Staffel in 5:29,61 Minuten mit knapp vier Sekunden Vorsprung vor uns. Auch wir haben uns sehr für sie gefreut! Beide Staffeln machten anschließend eine Ehrenrunde, und natürlich rückwärts.

Pure Freude über einen neuen Weltrekord über 4x400-Meter. Die amerikanische Staffel mit (v. l. n. r.) Fleury Contreras Urbano (DOM), Diego Polino (MEX), Aaron Yoder (USA) und Wilfredo Díaz García (CUB) gewann die Goldmedaille. Sie hatten sich vor der Weltmeisterschaft noch nie gesehen. Foto: Martin Pesch

Die erfolgreichste Athletin bei dieser Weltmeisterschaft war die Kanadierin Cat Clewley. Sie gewann Gold über 3.000 Meter, 5.000 Meter, 10.000 Meter und im Halbmarathon. Nachdem sie 2015 den Hamilton-Marathon rückwärts gelaufen war, sagte sie, dass dies das härteste Rennen ihres

Lebens gewesen sei, obwohl sie bereits einen Ironman und einige 100-Kilometer-Läufe vorwärts absolviert hatte. Zum Rückwärtslaufen kam Clewley während eines Sparziergangs mit ihrem Hund, als dieser sich weigerte, einen Ball aufzuheben, und etwas zurückblieb. Clewley drehte sich daraufhin um, ging zehn Minuten rückwärts, googelte zu Hause danach und reiste zur Weltmeisterschaft an.

Die erfolgreichsten deutschen Athletinnen waren Kathleen Heine aus Heidelberg, Leoni Leven aus Essen, Manuela-Maria Rieke aus Münster, Larissa Ischwang aus Horgau und Carmen Fuhrmann aus Nürnberg, die mit ihrem Günter in Franken regelmäßig für einen guten Zweck rückwärts läuft.

Ein weiteres Highlight waren die Läufe des doppelunterschenkelamputierten Australiers Dwayne Fernandes über 100 Meter und 200 Meter auf Prothesen. Er sagte, dass man vieles erreichen könne, wenn man nur möchte.

Neben der australischen Nationalhymne bei den Siegerehrungen für die Weltmeister der vier Altersklassen erklangen auch die US-amerikanische, französische, spanische, katalonische, kanadische, dominikanische, mexikanische, kubanische und am häufigsten die italienische und deutsche. Während einer Siegerehrung begann die italienische Sprintlegende Giorgio Brizzi spontan, die Hymne seines Landes lautstark mitzusingen, und Athleten aus anderen Ländern folgten seinem Beispiel bei ihren Hymnen. Der Gesang war Ausdruck der Stimmung bei dieser Weltmeisterschaft. Es herrschte eine tolle, kulturübergreifende Atmosphäre unter den Teilnehmern und Zuschauern über alle Sprachbarrieren hinweg.

Gruppenfoto der Teilnehmer und Helfer der 6. IRR-Weltmeisterschaft in Essen

Um den Athleten aus aller Welt die Kultur und Geschichte des Ruhrgebiets näher zu bringen, führten wir am Sonntagmorgen den Halbmarathon auf dem Gelände des UNESCO-Welterbes Zeche Zollverein in Essen durch. Die einen Kilometer lange Pendelstrecke führte an Fördertürmen und unter Förderbändern vorbei und verlief je halb auf Asphalt und Schotter. Ich lief den Halbmarathon mit und begegnete auf der Strecke immer wieder den anderen Teilnehmern, wie Ralf Klug und Hassan Kurt zum Beispiel.

Die Halbmarathonstrecke unter Fördertürmen. Da braucht man gar nicht in der Zeit zurückzugehen. Der Regen war eine willkommene Abkühlung. Foto: Cosima Eisenhuth

Der Pole Artur Olszewski pflückte auf jeder Runde eine Blume vom Wegesrand, um sie anschließend als Strauß seiner Freundin zu übergeben. Ich genoss den Lauf sehr, versuchte die Besonderheit des Ereignisses festzuhalten und gewann schließlich in 1:39:17 Stunden vor Markus Jürgens in 1:42:53 Stunden und Marc-André Ocklenburg in 1:46:08 Stunden. Dass Rückwärtslaufen und Vorwärtslaufen zwei unterschiedliche Sportarten sind, zeigt sich auch darin, dass Marc mich vorwärts seit 15 Jahren bei jedem Rennen mit großem Vorsprung schlägt. Vierter des Halbmarathons wurde der Israeli Lako Ayalo und Fünfter der Mexikaner Diego Polino. In der Altersklasse der 40- bis 59-Jährigen siegte der Brite Nigel Holmes. Der zweifache Familienvater schrieb uns später, dass dies der schönste Moment in seinem Leben gewesen sei.

Die Weltmeisterschaft rief ein lautes mediales Echo hervor. Journalisten von den Pressehäusern Deutsche Presse-Agentur, Frankfurter Allgemeine Sonntagszeitung, Spiegel, Westdeutsche Allgemeine Zeitung, Bild-Zeitung, Sportinformationsdienst, Discovery Channel, WDR, SAT.1, Deutschlandradio Kultur und 1Live berichteten vor Ort von der neuen „Trendsportart Rückwärtslaufen".

Organisationsteam der 6. IRR-Weltmeisterschaft. Eine 15-mona-tige Organisation ging zu Ende. Es war ein tolles Projekt mit guten Freunden. Mit ihnen würde ich es jederzeit wieder sehr gerne machen. V. l. n. r.: Alexander Ostwald, Christoph Diehl, ich, Bodo Aretz, Marc-André Ocklenburg, Markus Jürgens, Eric Salomon, Leoni Leven und mittendrin Peter alias Retep Wasser-mann. Foto: Martin Pesch

Kapitel 6

Ein Kätzchen mit Krallen

Von Anfang an machte die Radbegleitung beim Frankfurt-Marathon eine gute Arbeit. Ich war froh darüber, nun jederzeit zu einer Getränkeflasche greifen zu können, und las die Erleichterung ebenfalls im Gesicht des Radfahrers ab. So richtig ging der Marathon erst jetzt los. Die ersten zehn Kilometer waren ja sowieso praktisch verflogen. So sehr hatte ich mich am Laufen, an der Sonne und der Energie auf und neben der Strecke erfreut, dass die Zeit an mir vorbei geflogen war. Oder war ich durch die Zeit geflogen? Oder war ich, ohne es zu bemerken, in einen Zeitraffer geraten? Dann lass mich bitte wieder heraus und den Marathon bewusster laufen!

Und Marathon, jetzt zeig dich doch endlich mal! Da trainiere ich monatelang hierauf hin und dann fliegt dieser Marathon einfach an mir vorbei. Werde ich, wenn es so weitergeht, gleich hier im Ziel ankommen und mir verwundert die Augen reiben, weil alles so schnell verging? Oder brauche ich sie in Blickrichtung, um den Marathon in seiner Ganzheit zu sehen? Bislang zeigte sich mir der Marathon als nicht richtig fassbar, gefahrenlos und zahm wie ein süßes Kätzchen.

Aber ein Kätzchen mit Krallen. Denn es fing nun an, bei jedem Schritt seine Krallen verspielt in meine Füße auszustrecken, erst ganz sanft und leicht und dann immer ein bisschen stärker. Zunächst versuchte ich, den aufkommenden Schmerz wegzulächeln. Zumindest merkten mir die Begleitläufer nichts an. Aber nach dem nächsten Kilometer waren die Schmerzen in meinen Füßen zu groß geworden. Ich hatte die Schuhe zu fest geschnürt und wusste nun, dass ich den Marathon unter diesen Umständen unmöglich zu Ende laufen kann.

Nachdem wir auf einer großen Brücke den Main passiert hatten, entschloss ich mich dazu, stehen zu bleiben und meine Schuhe lockerer zu schnüren. So etwas ist mir bei allen Läufen vorher noch nie passiert! Dies zeigte mir auch, dass ich an der Startlinie für Signale des Körpers nicht mehr empfänglich gewesen war und meine Vorfreude Schopenhauers Wahrnehmungsverzerrung ziemlich außer Kraft gesetzt hatte. Da ich bei jedem Schuh einen Doppelknoten auf und wieder zu machen musste, verlor ich etwa eine Minute. Unmittelbar danach setzte ein gutes Laufgefühl ohne Druck auf den Füßen ein. Sehr gut, weiter geht´s!

Der Gefahr des plötzlichen Ausstiegs war ich mir in dieser Minute gar nicht richtig bewusst. Die Glücksgefühle der ersten 13 Kilometer und die Sonne ließen einfach keinen Platz für Unbehagen. Ich wäre wahrscheinlich in dieser Minute auch glücklich gewesen, wenn ich tatsächlich hätte aussteigen müssen. Das alles machte mir klar, wie sehr ich dieses Rennen jetzt schon liebte. Nun war fast schon ein Drittel des Marathons vorbei, und noch immer wurden wir von den anderen Läufern um uns herum überholt, aber nun nur noch mit einer geringfügig höheren Geschwindigkeit. Außerdem hatte sich das Feld etwas stärker auseinander gezogen. Dadurch war die Gefahr, die von Läufern im Rücken meiner Begleitläufer ausging, auf diesem Streckenabschnitt ziemlich überschaubar.

Nach etwa 14 Kilometern glich sich das Tempo der Läufer um uns herum meinem Tempo an. Bislang bestand die Gefahr vor einer Kollision mit anderen Läufern nur für den Zeitraum, in dem sie mich überholten, da sich danach ihr Abstand zu mir immer weiter vergrößerte. Jetzt aber konnte es vorkommen, dass ich den Läufern in meinem Rücken, die mich ja ebenso in ihrem Rücken hatten, in die Hacken lief. Alle Begleitpersonen fassten diese neue Gefährdungssituation schnell auf und reagierten umsichtig und vorausschauend.

Ich weiß wirklich nicht, was ich ohne die Helfer gemacht hätte. Rückwärtslaufen ist so viel angenehmer, wenn es nicht nötig ist, sich umzuschauen, denn der Blick über die Schulter und die Antizipation der Situation erfordert den Hauptteil der Konzentration. Dank ihrer hervorragenden Unterstützung ließ ich meinen Gedanken beim Laufen freien Lauf.

Die guten Eindrücke beim Laufen erinnerten mich daran, wie viele schöne Lauferlebnisse ich schon erleben durfte. Wie viele Emotionen und Glücksgefühle hatten sie nicht schon ausgelöst, gerade wenn ich den Körper an seine Grenzen und darüber hinaus getrieben hatte! Zu Beginn meiner ambitionierten Laufzeit übertrieb ich es oft und musste mich minutenlang im Ziel auf dem Boden liegend erholen. Später nahm die Wichtigkeit von Volksläufen für mich merklich ab. Und hier, beim Frankfurt-Marathon? Ich spürte jede Minute die Freude in meinem Herzen, jetzt und hier dabei zu sein! Der US-amerikanische Philosoph und Marathonläufer Mark Rowlands beschreibt dies als inneren Wert[25]. Der Wert liege im Moment des Erlebens.

Abseits des Laufens machte ich häufig die Erfahrung, dass ich eine Sache, auf die ich mich lange und intensiv vorbereitet und der ich im Vorfeld viel Sinn und Bedeutung beigemessen hatte, im Moment des Erlebens doch nicht als so wichtig empfand. So war es sicherlich auch in zahlreichen Uniprüfungen. Das hing auch damit zusammen, dass mir in Prüfungen häufig deren Sinnlosigkeit auffiel. Am Ende des Lebens werden sich die wenigsten wohl an ihre Prüfungen zurückerinnern. Im Endeffekt ist eine Prüfung nichts mehr als ein nüchternes Abfragen von Fachwissen, deren Bestehen nur die Zulassung zur nächsten Prüfung bedeutet, um irgendwann einen Abschluss zu erhalten. Das Wissen, um die Prüfung zu bestehen, hatte ich mir ja schon davor angeeignet. Für Rowlands haben Prüfungen daher nur instrumentellen Wert, wie auch alles andere, das wir für eine andere Sache tun, denn das Andere sei der eigentliche Wert[25]. Den größten instrumentellen Wert unserer Zeit weist sicherlich das Geld auf.

Den wesentlichen Unterschied zwischen innerem und instrumentellem Wert sieht Rowlands im Unterschied zwischen Freude und Vergnügen. Vergnügen lenke uns von dem ab, was nur instrumentellen Wert hat, zum Beispiel wenn wir uns mit einem Fußballspiel abends im Fernsehen von einem anstrengenden Arbeitstag ablenken. Freude dagegen sei das Erkennen des inneren Wertes. Während Vergnügen eine Art des Empfindens sei, sei Freude eine Art des Sehens und nehme in solchen Momenten Form an, in denen alle Ziele und Zwecke aufhören. Dass wir gerade in einer streng instrumentellen Epoche lebten, zeige sich im Ausmaß des Vergnügens, das besonders wichtig im Leben eines Menschen sei, dem es an innerem Wert mangele.

Wie eng Arbeit mit Vergnügen verknüpft ist, stellte im 18. Jahrhundert bereits der Dichter Friedrich Schiller fest, als er Vergnügen als Ablenkung im Leben eines Menschen von der Arbeit bezeichnete, das nur die Oberfläche der Seele streift und keinen dauerhaften Eindruck hinterlässt[25]. Zu seinen Lebzeiten wurde das englische Wort Fun für Vergnügen noch mit Täuschung oder Betrug übersetzt.

Der Philosoph Moritz Schlick, der vor 100 Jahren lebte, setzte instrumentellen Wert mit Arbeit gleich und inneren Wert wie das Hingegebensein an eine Tätigkeit oder Aufgehen in der Bewegung mit Spiel. Der Zauber der Wandlung von Arbeit in Spiel lag für Schlick im Rhythmus.

Studien über Rhythmen und Informationsverarbeitung im Gehirn scheinen Schlicks Ansatz zu bestätigen. Denn sie wiesen nach, dass ein mit dem Finger geklopfter Rhythmus ausreicht, um im Gehirn Gamma-Oszillationen mit einer Frequenz von 40 Hertz auszulösen[25].

Gamma-Oszillationen treten auf, wenn das Gehirn, das normalerweise 20 Prozent der körperlichen Energie verbraucht, in einen niedrigeren Energiezustand versetzt wird. Beim Ausdauerlaufen tritt der niedrigere Energiezustand im Gehirn auf, weil der Körper mehr Energie verbraucht und ihm die zusätzlich benötigte Energie entzieht. Gerade durch die Reduzierung des Energielevels im Gehirn wird beim Laufen die Kontrolle über tägliche Aufgaben gelockert.

Gamma-Oszillationen mit einer Frequenz von etwa 40 Hertz werden als ein Schlüssel zur optimalen Verarbeitung von Informationen im Gehirn verstanden und gelten als mitverantwortlich für kognitive Leistungen. Es sei daher nicht verwunderlich, wenn der Laufrhythmus, an dem der komplette Körper beteiligt ist, zu einer sehr viel wirkungsvolleren Verarbeitung von Informationen im Gehirn führe als das Klopfen eines Fingers.

Mönche können ihr Gehirn während einer Meditation ebenfalls in einen niedrigeren Energiezustand versetzen. Untersuchungen zu Meditationszuständen buddhistischer Mönche haben gezeigt, dass es Zusammenhänge zwischen transzendentalen mentalen Zuständen und Gamma-Oszillationen mit einer Frequenz von 40 Hertz gibt[25].

Geschieht der Moment meiner Verwandlung, in dem Rückwärtslaufen für mich zur Norm wird, oder wie es Rowlands beschreiben würde, der Übergang von instrumentellem Wert zu innerem Wert, oder nach Schlick die Wandlung von Arbeit in Spiel, wenn ich im Rhythmus des Rückwärtslaufens angekommen bin? Die Freude, die dieser Moment nach etwa einem Kilometer auslöste, spürte ich nach 15 Kilometern in jedem Fall immer noch genauso stark.

Dann führte die Marathonstrecke erneut aus der Frankfurter Innenstadt heraus. Obwohl am Streckenrand immer wieder Musikgruppen spielten, wurde es nun etwas ruhiger. Ich nahm immer noch sehr genau die Atmosphäre an der Strecke wahr und versuchte, sie in mich aufzunehmen. Jede Band tat mir gut, denn sie löste einen Adrenalinschub in mir aus. Aber auf den ruhigeren Streckenabschnitten dazwischen kamen nun Erinnerungen an frühere Marathonläufe in mein Bewusstsein. Bei diesen Marathons lag die mentale Herausforderung für mich nicht nur in der Distanz der Strecke, sondern auch in der zeitlichen Distanz. Bei 10-Kilometer-Läufen und Halbmarathons liegt der zeitliche Abstand zwischen Start und Ziel so nah beieinander, dass ich mich entweder im Beginn eines Laufes sehe oder fast schon an dessen Ende. Die Phase der Motivation, vom Start wegzukommen, mündet bereits in die Phase der Motivation, dem Ziel näher zu kommen. Beim Marathon ist das nicht so. Da gibt es ein ziemlich langes Zwischenstück, das jenseits von Beginn und Ende für mich die zentrale mentale Herausforderung darstellt.

Von früheren Marathons wusste ich, dass diese Phase für mich bereits bei Kilometer 16 beginnen kann. Nach 16 Kilometern war ich nun schon über 1:20 Stunden unterwegs, folglich so lang wie in durchschnittlichen Trainingsläufen, aber das Ende war noch so weit entfernt, dass ich nicht daran denken durfte. Wenn ich im Training laufe, ist diese Phase kein Problem für mich. Ich laufe ja schließlich, um zu laufen, und nicht, um anzukommen. Bei Marathons hat mich dieses Mittelstück jedoch immer vor mentale Probleme gestellt. In so vielen Dingen steckt gerade im Anfang ein Zauber, wie auch heute hier bei diesem Marathon, aber dieser Zauber verflog bei vielen Marathons auf dem Mittelstück, und Sorgen nahmen seinen Platz ein.

Nachdem die Sorgen am Anfang dieses Marathons am Panzer der Freude einfach abgeprallt waren, hatten sie nun Lücken hineingeschlagen und es auch hier wieder in mein Bewusstsein geschafft. Mein übliches Gedankenmuster von Sorgen um Dinge und Überlegungen der Prävention zur Vermeidung ihres Eintretens hatte sich wieder durchgesetzt. Es gibt Marathonis, die vom Start bis zum Ziel in purer

Freude und mit einem großen Lächeln auf den Lippen laufen. Das muss wirklich ganz fantastisch sein.

Zudem gibt es Menschen verschiedener Kulturen, die mit sehr viel Freude durch ihr Leben gehen und keinen großen Wert auf Sorgen legen. Zur deutschen Mentalität gehören die Sorgen sicherlich mit dazu. Hier war es mir gelungen, mich ein paar Kilometer lang von ihr zu lösen, aber Stück für Stück eroberte sie mich wieder zurück. Die Sorgen und Bedenken hatten mich wieder.

Selbst wenn nun noch mal auf den nächsten 17 Kilometern alles gut geht, fängt dann der Marathon nicht erst richtig an? Und was ist, wenn nicht alles gut geht und ich vorher anfangen muss zu kämpfen? Eine andere Stimme steuerte dagegen an und machte deutlich, dass jetzt alles gut ist und kein Anzeichen dafür spricht, dass sich dies bald ändern sollte. Ich versuchte, diese Auseinandersetzung auszuschalten, und lief in einem Gefühl zwischen Freude und Besorgnis weiter.

Gerade weil ich mich gar nicht umzudrehen brauchte und die Umgebung nur im Rückblick wahrnahm, war ich immer noch erstaunt, wie schnell jedes Mal der nächste Kilometer angesagt wurde. Daraus schloss ich, dass ich von der Umgebung um mich herum relativ wenig wahrnahm.

Während sich die Strecke nach 18 Kilometern immer weiter von Start und Ziel entfernte und einen weiten Bogen in die westlichen Stadtteile Frankfurts machte, lief ich immer mehr in das lange Mittelstück des Marathons hinein. Das Mittelstück hatte ich bei früheren Marathons mit einem langen Tunnel verglichen, an dessen Ende einfach kein Licht erkennbar war. Beim Eintritt in diesen Tunnel war ich genauso unwissend, in welchem Zustand ich wieder aus ihm hinauslaufen würde, wie wenn ein Bergsteiger aus luftiger Höhe auf der einen Seite des Berges ein kleines Auto in einen Tunnel einfahren sieht. Er kann Berechnungen anstellen, wann das Auto theoretisch auf der anderen Seite des Berges wieder aus dem Tunnel herausfahren müsste, aber praktisch tappt er im Dunkeln.

Während ich gerade zu Beginn der früheren Marathons das Gefühl hatte, Herrscher über den Marathon zu sein und ihm zuversichtlich zu begegnen, beschlich mich im Tunnel des Mittelstücks oft das Gefühl, die Kontrolle über ihn zu verlieren. Dann war ich in der Hand des Marathons. Und meine Erfahrungen fußten ja ausnahmslos auf Marathons, die ich vorwärts lief. Wie sehr würde mich der Marathon nun erst kontrollieren können, wo ich rückwärts laufe! Steckt in jeder Sache, die man zum ersten Mal tut, nicht auch ein gehöriger Respekt vor dem Ereignis, gerade weil die Erfahrungsgrundlage fehlt?

Dieser Respekt wurde in mir nun immer größer. Schon im Training hatte ich mich oft als Versuchskaninchen gefühlt, weil mir niemand einfiel, an den ich mich bei Fragen wenden konnte. Nachdem ich einmal nach einer 30-Kilometer-Einheit mit seltsamen Fußschmerzen einen Arzt aufgesucht und ihm gestanden hatte, dass dies vom Rückwärtslaufen komme, sah er mich erstaunt an und riet mir zu einer Laufpause. Weiter konnte er mir nicht helfen. Leider gelang es auch mir nicht, Kontakt zu den anderen Marathonis herzustellen, die schon einmal einen Marathon rückwärts gelaufen waren. Das waren auch nicht so viele. Unter vier Stunden liefen bis dahin lediglich die Amerikaner Albert Freese und Bad Budyna, der Franzose Yves Pol, der sich nach seiner Querschnittslähmung komplett zurückgezogen haben soll, und der aktuelle chinesische Weltrekordhalter Xu Zhenjun, den ich im Internet einfach nicht ausfindig machen konnte.

Als ich hier nun in den Tunnel des Mittelstücks einlief, ahnte ich, dass er mit den früheren nicht zu vergleichen war. Der Tunnel hier war weitaus gefahrenvoller und unvorhersehbarer. Ich stellte die Unterhaltungen mit anderen Läufern ein und verlagerte meine komplette Energie nun aufs Laufen.

Nach 20 Kilometern sehnte ich mich der Hälfte des Marathons entgegen, einfach nur, um zu wissen, danach auf dem Rückweg zum Ziel zu sein. Die längste Strecke, die ich in einem Wettkampf vorher jemals rückwärts gelaufen war, war ein Halbmarathon. Dann wäre ich hier gleich schon im Ziel. Und nun galt es hier noch einen zweiten Halbmarathon dranzuhängen. Der eine Kilometer machte natürlich auf der gesamten Strecke keinen großen Unterschied, aber für den Kopf war es nun wichtig, diese Grenze zu überlaufen. Daher hielt ich die Halbmarathonmarke für ein wichtiges Zwischenziel und sah mich plötzlich auf einer richtigen Zielgerade. Kurz bevor ich die Halbmarathonmarke überlief, malte ich mir aus, dass sie tatsächlich schon ein Ziel war. In dem Moment, in dem ich sie passierte, überkam mich eine große Erleichterung. Gleichzeitig sah ich die Marke als eine Startlinie an. Die Gewissheit, dass es ab hier nur noch ein Halbmarathon ist, dessen Länge ich ja gut kannte, beruhigte mich zusätzlich.

Die Zwischenzeit betrug 1:49:15 Stunden, was einem Schnitt von 5:11 Minuten pro Kilometer entspricht. Auf der ersten Hälfte hatte ich also trotz der Schuhpause einen Puffer von 2:34 Minuten herausgelaufen. Noch war alles gut, aber mich beschlich bereits eine Vorahnung von der Härte, die auf der zweiten Hälfte des Marathons auf mich zukommen sollte.

Kapitel 7

Laufen als Innenschau

Als die Große Depression in den USA 1931 auch den 35-jäh-
rigen Texaner Plennie Wingo erreichte, musste er sein
Restaurant in Abilene 200 Kilometer westlich von Dallas
schließen und für zwölf Dollar in der Woche Billiglohnarbeit
verrichten[30]. Die Lage war so aussichtslos, dass er sehr gut
nachvollziehen konnte, wenn Menschen auf die verrücktesten
Ideen kamen, um irgendwie an ein bisschen Geld zu
kommen. Als er eines Tages mit Jugendlichen zusammensaß,
die sich darüber beklagten, dass es alle derartigen Versuche
ja schon gegeben habe, wie Fahnenmastsitzen, einen Keks
mit der Nase einen Berg hochzuschieben oder Lindberghs
Flug über den Atlantik, hatte Wingo plötzlich eine Eingebung
und sagte: „Nun, es hat noch nicht alles gegeben. Ich glaube
nicht, dass jemand schon mal rückwärts um die Welt
gegangen ist."

Sofort war er besessen von seiner Idee. Er suchte einen
Chiropraktiker auf und begann mit dem Training. Es gelang
ihm, mit zwei Schuhfirmen wichtige Sponsoren an Land zu
ziehen, die ihn mit 250 Dollar unterstützten. Zudem plante er,

sich aus dem Verkauf von Postkartenbildern von sich zu finanzieren. Anfangs fand er auch große Zustimmung von seiner Frau und Tochter. Wingo kaufte sich in einem Motorradgeschäft eine spezielle Brille mit nach hinten gerichteten Spiegeln, um gleichzeitig nach vorne und hinten gucken zu können.

Nach monatelangem Training konnte er 20 Meilen am Tag rückwärts gehen, oder besser gesagt in der Nacht. Aus Angst, dass ihm noch jemand seine Idee stehlen könnte, absolvierte er sein Training im Schutz der Dunkelheit.

Als Wingo am 15. April 1931 rückwärts losging, trug er einen Anzug und einen Stock aus Kaffeeholz mit mystischen Symbolen und einem Griff aus Büffelhorn. In Dallas hängte ihm der Bürgermeister ein Schild mit den Schriftzug „Around The World Backwards" um den Hals. Mit diesem Schild auf dem Rücken folgte er der Route 66 nach Springfield, nach St. Louis in Michigan und weiter nach Ohio.

Mit der Zeit wurde er immer bekannter. Der Evening Star in Washington schrieb, dass Wingo nur 14 Tage brauchte, um von St. Louis nach Chicago zu laufen. In einem Zeitungsartikel in Delphos, Ohio, hieß es damals: „Viele wollten am Sonntag den rückwärts gehenden Mann auf der Straße sehen. Er kam von Westen auf dem Lincoln Highway und nahm ein Hotelzimmer für die Nacht. Er lief schon 1.500 Meilen auf seiner Weise. Er lehnte Mitfahrgelegenheiten ab. Er lief etwa 20 Meilen am Tag. Dafür musste er Unterhaltungen mit Passanten kurz halten."

Wingo schaffte es sogar in eine Karikatur einer Zeitung, auf der ihm ein Republikaner und ein Demokrat misstrauisch nachschauen und der eine zum anderen sagt: „Das ist nichts Neues, wir beide haben Leute in unseren eigenen Reihen, die das seit Jahren so machen!" Bevor Wingo in New York auf eine Fähre nach Europa stieg, wurde er von einer großen Menschenmenge verabschiedet. Er fuhr nach Hamburg und setzte seinen Weg durch Deutschland fort.

In Europa waren die Leute über Wingos Lächeln und seinen Rückwärtsgang genauso verblüfft. Eine Budapester Zeitung hieß ihn mit „Verrückter Texaner!" willkommen. Nur die Türken zeigten sich unbeeindruckt von dem offiziellen Schreiben der Handelskammer seiner Heimatstadt und warfen ihn ins Gefängnis. Nach ein paar Tagen kam er wieder frei, aber seine Anfrage, nach Kleinasien weiter zu reisen, wurde abgelehnt.

Also fuhr er auf einem Schiff zurück zur kalifornischen Küste und ging von dort wieder rückwärts nach Hause. Am 24. Oktober 1932 kehrte er zum Startpunkt in Abilene zurück. Wingo ging über 13.000 Kilometer rückwärts, trug 15 Paar Schuhe und gewann so viel Lebenserfahrung, aber er verlor seine Frau. Sie hatte auf seiner Reise die Scheidung eingereicht.

Jahrzehnte später, zu Ehren des 200. Jahrestages der Amerikanischen Unabhängigkeit, ging Wingo die etwa 600 Kilometer lange Strecke von San Francisco nach Santa Monica erneut rückwärts. Im seinem Buch *Around The World Backwards* schrieb Wingo über die Logik hinter seiner plötzlichen Inspiration: „Wenn die ganze Welt rückwärts geht - er meinte damit die Große Depression in den USA -, war vielleicht der einzige Weg, dies zu sehen, sich umzudrehen."

Weiter führte er aus, dass er sich seiner Motive für den großen Lauf gar nicht wirklich bewusst gewesen sei, bis er ihn abgeschlossen hatte. Zum Zeitpunkt der Veröffentlichung seines Buches war Wingo bereits 88 Jahre alt. Er starb im Alter von 98.

Neben Wingo hat es noch andere Langstrecken-Rückwärtsgeher gegeben. Im Jahr 1985 legte der Indonesier Syaiful Bachri die etwa 770 Kilometer lange Distanz vom östlichen bis zum westlichen Ende der indonesischen Insel Java rückwärtsgehend in 28 Tagen zurück. Der US-Amerikaner Bill Kathan ging im Jahr 2007 in fünf Monaten etwa 5.300 Kilometer rückwärts durch die USA. Ein anderes Mal durchwanderte er rückwärts den Grand Canyon und legte dabei etwa 2.000 Höhenmeter zurück. Der nordamerikanische Ureinwohner Marvin Staples aus dem US-amerikanischen Bundesstaat Minnesota drehte sich eines Tages um und ging für den Rest seines Lebens viele Jahre lang in seinem Wohnort Bemidij nur noch rückwärts.

Gruppenveranstaltungen im Rückwärtsgehen hat es ebenso gegeben. Nachdem 2012 in Shanghai gut 1.000 Chinesen zusammengekommen waren, um gemeinsam einen Kilometer rückwärts zu gehen, nahmen ihnen 2014 etwa 1.100 Inder diesen Rekord in Indore wieder ab.

Der chinesische Physiotherapeut Lau Siu On sieht in seiner Praxis in Hongkong tagtäglich den positiven Einfluss, den das Rückwärtsgehen auf die Gesundheit seiner Patienten hat[31]. Denn der leicht nach hinten geneigte Oberkörper beim Rückwärtsgehen trainiere die Bauchmuskulatur, stärke das Rückgrat und beuge so den Risiken von Rückenschmerzen vor. Zudem werde der Gesäßmuskel trainiert, wenn man das Bein nach hinten zieht, der wiederum die Wirbelsäule schütze. Gerade für Kinder mit schwachem oder gebeugtem Rücken sei Rückwärtsgehen sehr hilfreich, da sie sich dadurch wieder aufrichten und ihre Schultern öffnen könnten, was ihnen später Schmerzen im Schulter-, Nacken- und Lendenbereich erspare. Lau Siu On empfiehlt Rückwärtsgehen auch Menschen mit Übergewicht, denn die kleinen, kurzen Schritte beim Rückwärtsgehen würden die Muskeln mehr strapazieren. So würden beim Rückwärtsgehen bis zu 25 Prozent mehr Kalorien verbrannt als beim Vorwärtsgehen.

Rückwärtsgehen ist in der chinesischen Meditations- und Konzentrationsübung Qigong ein wesentlicher Bestandteil[32]. Wörtlich übersetzt bedeutet Qi Lebensenergie und Gong Arbeit, Qigong also Arbeit an der Lebensenergie. Qigong wird richtig praktiziert, wenn man sich verlangsamt und in einer Übung zwei der sieben Einheiten Entspannung, Ruhe, Natürlichkeit, Bewegung, Atmung, mentale Vorstellung und Ton miteinander verbindet. Qigong stärkt die Aufmerksamkeit und die Konzentration auf den Moment und hat eine Jahrtausende alte Tradition. Der Name Qigong stammt aus der Jin-Dynastie zwischen dem dritten und fünften Jahrhundert nach Christus. Der Ursprung der Übungen reicht bis ins vierte Jahrhundert vor Christus zurück. Qigong ist in der Geschichte Chinas als Gesundheitsvorsorge immer bedeutend gewesen und hat auch Verwendung im Daoismus und Buddhismus gefunden.

Zum chinesischen Gesundheitsverständnis, das sich daraus entwickelte, gehört, sich bisweilen umzudrehen. Daher gehen heute Millionen Chinesen rückwärts. Denn beim Rückwärtsgehen werden die Sinne für Bewegung, Körperhaltung und Geisteshaltung geschärft und das Hören, das Gleichgewicht und die Vorstellungskraft verbessert. Weil alle Sinne wach sind, bewegt man sich beim Rückwärtsgehen wieder so naiv wie ein Kind. Zudem ist es für den Energiefluss im Körper gut, ihn ab und zu aus den alltäglichen

Bewegungsabläufen zu reißen und sich von den eingeschliffenen, schmerzhaften und blockierenden Bewegungsmustern des Vorwärtsgehens zu lösen. Es wird angenommen, dass wichtige Potenziale von Muskeln, Sehnen und Bändern verkümmern, wenn man nicht rückwärts geht. Daher wird Rückwärtsgehen in China seit Langem als Heilmethode nach Kreuzbandriss-Operationen und für Patienten mit Knie- und Rückenschmerzen angesehen.

Im Westen wird das Rückwärtsgehen erst seit wenigen Jahren medizinisch für eine bessere Rehabilitation von Patienten mit Demenz und Schlaganfällen genutzt. Denn Demenzpatienten, die auf einem Laufband rückwärts gehen, erlangen eine deutlich höhere Sprachgewandtheit als Patienten, die nur vorwärts gehen, vermutlich weil sie das Rückwärtsgehen vor eine höhere mentale Herausforderung stellt[33]. Untersuchungen mit Schlaganfallpatienten ergaben, dass Patienten, die zusätzlich zu den vorgeschriebenen 40 Minuten Vorwärtsgehen noch weitere 30 Minuten rückwärts gingen, sich schneller von einem Schlaganfall erholten[34]. Dies wussten die Chinesen ebenso schon viel länger als wir. Ein alter chinesischer Spruch besagt, dass 100 Schritte rückwärts mehr für die Gesundheit bringen als 1.000 Schritte vorwärts.

Heute ist China auf dem Weg zur Weltmacht. Die kommunistische Partei und ihr Apparat kontrollieren das Land zwar nach wie vor, aber zugleich hat sich der Kapitalismus mit Börsen, Banken und Profitdenken etabliert. In keinem anderen Land gibt es mehr Dollarmillionäre und einen größeren Unterschied zwischen Arm und Reich als in China.

Für den Autor Patrick Spät ist China daher ein gutes Beispiel dafür, dass der Kapitalismus weltweit auf dem Vormarsch ist[35]. Er kritisiert den weltweiten Raub von gemeinschaftlich genutztem Wasser, Land und Rohstoffen von Großkonzernen und Staaten massiv und verweist auf den Earth Overshoot Day. Dieser gibt an, an welchem Datum die Menschheit ihr jährliches Guthaben an natürlichen Ressourcen aufgebraucht hat. Nach diesem Tag lebt sie dann bis zum Ende des Jahres auf Pump und auf Kosten der Zukunft. Lag der Earth Overshoot Day 1989 noch am 19. Dezember, ist er 2017 auf den 2. August zurückgegangen. Während Kleinbauern die Allmende meist nachhaltig nutzten, beklagt Spät, dass die kurzfristige Profitgier von Unternehmen zu einem Raubbau an der Natur führe und so den Earth Overshoot Day immer weiter nach vorne verlagere.

Spät vergleicht die heutige Situation mit dem Allmenderaub im 15. Jahrhundert, der zusammen mit der Einführung des Kreditsystems als Beginn des Kapitalismus angesehen wird. Damals eigneten sich Landherren in Europa Gemeindeflächen an, erklärten die Natur zum Privateigentum, entzogen den Bauern ihre Lebensgrundlage und ließen sie zu ausbeuterischen Löhnen auf ihren Feldern schuften.

Die Charter of the Forest von 1217, die der einfachen Bevölkerung entscheidende Rechte wie die freie Nutzung von Wäldern und Heiden eingeräumt hatte, wurde aufgehoben und vorher gemeinschaftlich genutztes Land eingezäunt. Als sich die Bauern während der Bauernkriege von 1524 bis 1526 gegen das Verbot, Wild und Fisch zu fangen, zur Wehr setzten, wurden etwa 100.000 von ihnen getötet. Auch in England erfolgte eine systematische Auflösung und Privatisierung der Allmende.

Der Allmenderaub wiederholte sich später in Nordamerika. Während sich die ersten Auswanderer aus Europa noch selbst versorgten, fehlten den Fabriken die Arbeitskräfte. Daraufhin wurde ein Preis pro Landstück definiert, das neue Einwanderer zwang, so lange lohnzuarbeiten, bis sie sich eigenes Land kaufen konnten. Das Geld wurde in einem Fonds angelegt, um weitere Einwanderer zu importieren und den Lohnarbeitsmarkt aufrechtzuerhalten. Eine ähnliche Vorgehensweise fand später in Deutsch-Afrika statt, als man eine Hüttensteuer erhob und die Einheimischen in die Lohnarbeit zwang.

Die staatlich gewollte Entwurzelung von Menschen findet heute in großem Ausmaß in China statt. Chinas Regierung war zwischen 1980 und 2015 dafür verantwortlich, dass über 400 Millionen Menschen vom Land in die Städte ziehen mussten, um in Fabriken als Lohnarbeiter zu arbeiten. Der Preis für den steilen Anstieg der chinesischen Wirtschaftsleistung in den vergangenen Jahrzehnten ist neben der Enteignung und Ausbeutung von Menschen ein verdammt hoher gesellschaftlicher Leistungsdruck. In chinesischen Schulen ist es neben völlig überbelegten Klassen üblich, Notenlisten der Schüler öffentlich auszuhängen und schlechte Schüler als Versager zu brandmarken. Versagensängste in der Schule gepaart mit dem Druck der Eltern machen bereits Grundschüler krank und treiben einige von ihnen sogar in den Selbstmord[36]. Eine chinesische Studentin aus Shanghai erzählte mir mal, dass in der Schule die Eltern eines Schülers von Lehrern informiert würden, wenn dieser eine Freundin hat. Auch im Studium sei es noch verpönt gewesen, einen Partner zu haben, weil sich das Leben nur um Leistung zu drehen habe.

Eine chinesische Frau, die im von Hektik geprägten Peking Ruhe im Qigong findet, beklagt, dass das Rückwärtsgehen gerade bei den jungen Menschen aus der Mode gekommen sei[37]. Die Jugendlichen würden heute zu viel auf ihr Smartphone gucken, das für sie der Inbegriff der Zeit- und Ortentkopplung und des nach vorne Schauens sei. Zu weit nach vorne oder in die Zukunft zu schauen beschleunige das Leben unnötig, rufe zu viele Sorgen hervor und koppele von dem ab, was um einen herum geschieht. Diese Sichtweise habe sie zudem bei Ausländern aus dem Westen festgestellt, die sie zu guten Ingenieuren mache und gerade die Deutschen, die Meister des Sorgens, zu guten Versicherungskunden. Führen der erhöhte Leistungsdruck und die Digitalisierung in China gerade zu einer Verdrängung der Jahrtausende alten Ruhemeditation Qigong?

In Japan trat in den 1990er Jahren erstmals das Massenphänomen der „hikikomori" auf[38]. Wer zu dieser Gruppe junger Japaner gehört, die heute auf über eine halbe Million angewachsen ist, hat sich komplett zurückgezogen und meidet seit mindestens sechs Monaten den Kontakt zur Außenwelt. Viele von ihnen leben seit Jahren isoliert. Diese Menschen würden gerne raus gehen, um Freunde und Liebespartner zu finden, aber sie können es nicht. Der Grund für den Bruch mit der Außenwelt wird im stark angestiegenen Leistungsdruck in der japanischen Gesellschaft gesehen.

Dass auch in Deutschland der Leistungsdruck zugenommen hat und die Fälle von Burnout und Depressionen hat enorm ansteigen lassen, erklärt der Autor und stellvertretende Chefredakteur des Spiegels, Dirk Kurbjuweit, mit einer Diktatur der Effizienz[39]. Er kritisiert, dass heute das Kosten-Nutzen-Denken über die Wirtschaft Einzug in alle Bereiche des Lebens gehalten habe. Die geforderte Mobilität, Flexibilität und das Denken in Zahlen, kurzum das Denken von Managern, habe die gesamte Gesellschaft in ein Unternehmen verwandelt. Triebfeder sei ein ständig nagender Gedanke des Nicht-Genügens, den wir ausgerechnet mit Stress kompensieren wollen, denn Stress vermöge das Bedürfnis nach Aufwertung und Verbesserung zu stillen.

Der Stress sei mittlerweile allgegenwärtig und zeige sich im Privatleben zum Beispiel auch in einem übertriebenen Körperkult. Sich Zeit zu nehmen, ohne sie sinnvoll zu nutzen, gelte bereits als Zeitverschwendung. Daher ökonomisierten wir unser ganzes Leben streng nach dem Kosten-Nutzen-Prinzip und richteten alle Aktivitäten nach der höchstmöglichen Effizienz aus.

Während meiner intensivsten Vorwärtslaufphase befand ich mich am Ende meines Studiums. Die Prüfungsordnung meines naturwissenschaftlichen Studiengangs sah eine zwölfmonatige Masterarbeit vor. Nach der Uni ging es dann meistens direkt zum Lauftraining. Neben meinem Ziel, die bestmögliche Masterarbeit zu schreiben, hatte ich das Ziel, im Laufen die bestmögliche Leistung zu erzielen. Beide Ziele konnte ich nur mit einem völlig durchgetakteten Tagesrhythmus und dem Druck erreichen, ständig Vollgas geben zu müssen.

So entwickelte ich einen sehr hohen Anspruch an mich selbst und war nur zufrieden, wenn ich in beiden Lebensbereichen auf dem Weg zum Bestmöglichen war. Natürlich ist es ein Privileg, überhaupt studieren zu dürfen und ambitioniert Sport zu betreiben, aber mein Leistungsdenken ließ keinen Platz für Dankbarkeit. Denn Dankbarkeit hat etwas mit Verbundenheit zu tun, und das Leistungsdenken, immer besser werden zu wollen, machte mich ganz schön egoistisch.

In meiner Hauptlaufphase war ich so sehr in meinen Gewohnheiten zwischen Studium und Laufen gefangen, dass ich mir einfach nicht die Zeit nahm, mit einem gewissen Abstand auf mein Leben zu schauen. Heute weiß ich, dass mein Antrieb die Sorge vor einem Scheitern war. Ich fürchtete mich davor, mir meine Zukunft zu verbauen, falls ich mein Studium nicht abschließen würde. Ebenso trieben mich zukünftige potenzielle Selbstvorwürfe und Sorgen vor dem späteren schmerzhaften Eingeständnis an, jetzt, wo es gerade möglich war, nicht meine persönlichen Leistungsgrenzen im Laufen ausgelotet zu haben.

Die Autorin Juli Zeh, die mit zahlreichen Literaturpreisen im gesellschaftlich-politischen Bereich ausgezeichnet wurde, sieht darin einen gesellschaftlichen Trend und hält unser Leben daher für eine Schnur aus Weichenstellungen[40]. Die Gefahr, neben den vielen falschen Weichen nicht die wenigen richtigen zu finden, erzeuge schon in jungen Jahren eine große Angst, abgehängt zu werden und den Anschluss in der Zukunft zu verlieren. Diese Angst rufe einen permanenten Zwang hervor, immer die richtigen Entscheidungen treffen zu müssen, und führe zu einem stets in die Zukunft gerichteten Leben. Die Hauptmotivation unseres Lebensstils sei daher nicht Freude oder Spaß, sondern Leidvermeidung. Jederzeit damit beschäftigt zu sein, Schlimmeres zu vermeiden, schränke das konstruktive Denken ein, das wir aber brauchen, um unseren Lebensstil zu hinterfragen.

Für den Psychoanalytiker Joachim Maaz hat der Zwang, immer besser werden zu müssen, uns in eine narzisstische Gesellschaft geführt[41]. Die Störung des Narzissten sieht er in einem inneren Selbstwertmangel, den er mit Anerkennung durch sein Umfeld zu kompensieren versucht. Anerkennung erhoffe er sich durch außerordentliche Leistungen oder die Aufwertung des Egos durch die Abwertung des Umfelds. Ein auf sich zentriertes Denken schränke die Fähigkeit zur Empathie ein, die wir aber brauchten, um uns in andere und unsere Kleinkinder hineinzuversetzen.

Daher sieht Maaz den Grund für unseren Selbstwertmangel in dem Gefühl, während der Kindheit nicht ausreichend geliebt und gewollt zu sein, so wie wir sind. Der irrtümliche Rückschluss des Kindes, sich Anerkennung und Liebe durch Leistung und Anpassung an die Erwartungen des Umfelds verdienen zu müssen, begleite es dann zeitlebens. Die Problematik des Einzelnen werde gar nicht mehr wahrgenommen, weil wir alle so lebten.

Wer nicht untergehen möchte, müsse sich selbst wichtig nehmen, positionieren und in den Vordergrund stellen. Insbesondere das Massenphänomen der Selfies erinnert Maaz an das Verhalten von Narziss aus der griechischen Mythologie, der die Liebe anderer zurückwies und sich in sein eigenes Spiegelbild verliebte. Die narzisstische Gesellschaft lebe davon, dass sie Menschen unter Druck setzt, erfolgreich zu werden, zu konkurrieren, sich Wettbewerbsvorteile zu verschaffen und besser zu sein als die anderen. Maaz sieht darin die Basis unserer kapitalistischen Lebensweise.

Möglichkeiten, in dieser Gesellschaft zu leben, sind für Maaz Betäubung, Ablenkung und Kompensation. Die Betäubung durch Arbeit oder Anstrengung sei mittlerweile ein gesellschaftliches Phänomen. Die Ablenkung wie etwa durch Medien, Serien, Computerspiele oder die Bundesliga nehme mittlerweile den größten Teil unserer Freizeit in Anspruch.

Alles sei gewollt, was uns einen Reiz vermitteln kann, mit dem wir uns beschäftigen können. Vor allem der Fußball sei eine beliebte Ersatzbefriedigung, die süchtig machen könne. Es gehe nicht wirklich um das Fußballspiel, denn dann wären wir in der eigenen Entwicklung chancenlos, etwas zu erkennen.

Das Ersatzbedürfnis des Konsums sei in unserer Gesellschaft mittlerweile so stark geworden, dass wir den materiellen Zugewinn in den Mittelpunkt stellten und gleichzeitig einen riesigen Schuldenberg aufbauten und weit über unsere finanzielle und ökologische Verhältnisse lebten. Daher sind es für Maaz Konsum, Leistung und Gier, die aus der narzisstischen Gesellschaft hervorgehen und den Kapitalismus am Laufen halten.

Für den Philosophen Richard David Precht haben der Anpassungsdruck an ein effizientes Leben, die Wachstumsanforderungen und die Angst, Zeit nicht ökonomisch zu nutzen, bereits unsere Denkweise verändert und zu einem Effizienzdenken umgewandelt[42]. Das Effizienzdenken, das heute tief in unserer Gedankenstruktur verwurzelt sei, habe sich zu Beginn der industriellen Revolution entwickelt. Im Mittelalter hätten Wirtschaftsmodelle noch keine Veränderung vorgesehen. Heute beobachtet Precht, dass sich das Effizienzdenken immer mehr radikalisiert.

Dass ein zu hohes Effizienzdenken schädlich ist, zeigen Studien an der Washington-Universität zu Default Networks (Leerlaufnetzwerken) im Gehirn. Leerlaufnetzwerke werden im Ruhezustand aktiv, wenn andere Gehirnregionen, die für das bewusste Denken verantwortlich sind, inaktiv sind[43]. Das Gehirn verbraucht im Ruhezustand sogar mehr Energie, als wenn es Aufgaben ausführt.

Dann wird der Precuneus, die größte Struktur im Leerlaufnetzwerk, zur Region mit der höchsten Stoffwechselrate im Gehirn. Der Precuneus befindet sich im Hinterkopf auf halber Strecke zwischen den Ohren und ist Teil eines der beiden Netzwerke im Gehirn, die Bewusstsein bilden. Er dient der Innenschau und ist aktiv, wenn wir tagträumen oder Erinnerungen abrufen. Der Precuneus trägt auch dazu bei, persönliche Erfahrungen zu verarbeiten und ins Langzeitgedächtnis zu übertragen, Verbindungen zwischen unseren Gedächtnisinhalten herzustellen und neue Einsichten rund um unsere Selbstwahrnehmung zu gewinnen.

Auch beim Laufen ist der Precuneus aktiv. Eine Hirnstudie wies darauf hin, dass Laufen zum Wachstum neuer Zellen im Hippocampus führen kann[25]. Der Hippocampus spielt bei der Einspeicherung neuer Gedächtnisinhalte eine entscheidende Rolle.

Das andere Netzwerk, der präfrontale Kortex, dient mit der Wahrnehmung des Körpers und seiner Umgebung der Außenschau, bringt Signale von Augen, Ohren und Tastsinn ins Bewusstsein und ist bei komplexen Aufgaben wie Denken und Entscheiden aktiv[43]. Die Aktivität des präfrontalen Kortexes wird beim Laufen heruntergefahren und nach dem Laufen wieder hochgefahren.

Die beiden Netzwerke, die für die Außen- und Innenschau verantwortlich sind, wechseln sich im Normalzustand alle 20 Sekunden ab. Daraus könnte geschlossen werden, dass ein zu hohes Effizienzdenken das Gleichgewicht der Netzwerke stört und, während der Außenschau eine zu hohe Bedeutung beigemessen wird, die Innenschau verkümmert.

Dass der Ruhezustand im Gehirn und selbst Langeweile sehr wichtig für unser Wohlbefinden sind und neue Erkenntnisse hervorbringen können, stellte bereits Johann Wolfgang von Goethe fest, als er 1772 die Langeweile als „Tatenschwangerste der Götter" oder als „Mutter der Musen" bezeichnete[44].

Der Philosoph Friedrich Nietzsche sah in der Langeweile einen wichtigen Ideengeber: „Für den Denker und für alle erfindsamen Geister ist Langeweile jene unangenehme ‹Windstille› der Seele, welche der glücklichen Fahrt und den lustigen Winden vorangeht; er muss sie ertragen, muss ihre Wirkung bei sich abwarten." Albert Einstein stellte ebenso fest: „Der Verstand spielt auf dem Weg der Entdeckung nur eine untergeordnete Rolle. Es findet ein Sprung im Bewusstsein statt, nennen Sie es Intuition oder was Sie wollen, und die Lösung kommt zu Ihnen und Sie wissen nicht, wie und warum."

Für mich ist die Innenschau ein wesentlicher Grund, laufen zu gehen. Laufen ist für mich immer eine tolle Methode gewesen, um aus den Pflichten und Aufgaben des Alltags auszubrechen und an nichts Bestimmtes denken zu müssen. Ich weiß, dass ich jeden Stress oder Belastung einfach herauslaufen kann, denn beim Laufen löst sich körperlich oder energetisch etwas, das zuvor blockiert war. Gerade im Wald spüre ich förmlich, wie die Luft mich von innen reinigt. Nach dem Laufen fühle ich mich auf eine Weise immer aufgeräumter und klarer als ich zu dem Zeitpunkt des Loslaufens war. So treten die kleinen Probleme des Alltags, die mich vor dem Laufen noch beschäftigt haben, danach in den Hintergrund. Oft weiß ich erst nach dem Laufen, dass die meisten Dinge des Alltags völlig unwichtig sind. Laufen hilft mir daher zu verstehen, was wichtig und was unwichtig ist.

Den Zyklus von Laufen und Nicht-Laufen stelle ich mir wie ein endloses Daumenkino vor. Wenn ich nicht laufe, zum Beispiel am Tag, legen sich Schleier um mich, die meine Sicht auf das Wesentliche vernebeln. Beim Laufen, zum Beispiel am Abend, durchbreche ich die Schleier wieder, und mein Blick danach ist klar und rein, bevor die Schleier wieder beginnen, all das zu überlagern. Klar, auch andere Sportarten machen mir Spaß wie Fußball, Tennis oder Radfahren. Aber keine andere Sportart kann mir die äußere Vernebelung des Lebens durch Alltag, Medien, Anpassung und Small Talk so nehmen, wie es das Laufen tut, und den Blick nach innen richten. So wurde das Laufen zu meinem Lebensbegleiter.

Es gab schon auch immer wieder Phasen, in denen ich das Laufen vernachlässigte und es mir dennoch nicht fehlte. Auch diese Phasen hatten ihren Reiz, denn sie zeigten mir auf, dass ein zum Beispiel täglicher Zyklus aus Laufen und Nicht-Laufen ziemlich einschränkend sein kann. Denn er erfordert einen immer ähnlichen Tagesrhythmus, der das Einschlagen neuer Wege erschweren kann. Zudem verhinderten die laufreduzierten Phasen, dass ich dauerhaft süchtig vom Laufen wurde. Aber irgendwann kehrte ich wie von selbst immer wieder zum Laufen zurück. Heute betrachte ich das Laufen als ein Geschenk, mit dem ich stets erneut meine innere Mitte finden kann.

Seitdem ich mit dem Laufen anfing, fällt mir auf, dass ich immer wieder enge Freundschaften mit anderen Läufern aufgebaut habe. Anfangs konnte ich mir das nicht richtig erklären, denn im Gegensatz zu Teamsportarten wie etwa Fußball ist Laufen doch eine Individualsportart. Zuerst erkannte ich, dass viele Mannschaftssportarten auf ein Spielfeld begrenzt sind, während Laufen zu einem tollen verbindenden Naturerlebnis werden kann.

Dann fiel mir auf, wie kommunikativ Laufen ist. Keine andere Sportart führt allein durch ihre Ausübung so sehr zu Gesprächen, wie es das Laufen tut. Auf dem Fußballplatz spielt man zwar miteinander und ein Torjubel hat sicherlich etwas Verbindendes, aber auf dem Platz finden natürlich keine Gespräche statt.

Gerade zu zweit laufen gehen bedeutet interagieren gehen und erzählen und zuhören gehen. Ich habe auch abseits des Laufens die Erfahrung gemacht, dass Freundschaften hauptsächlich in Zweier-Gesprächen entstehen. Denn sie schaffen gute Bedingungen, um persönlicher zu werden. Oft habe ich bemerkt, dass die Qualität in Gesprächen abnimmt, je mehr Personen daran beteiligt sind. Läufe in einer großen Gruppe können natürlich auch toll sein und viel Freude schaffen, aber meiner Meinung nach muss ein Gespräch in einer Laufgruppe immer erst einen gemeinsamen Nenner finden, und der reduziert seine Qualität.

Vielleicht ist das Laufen für die Grundlage von Freundschaften auch deshalb so förderlich, weil Läufer draußen in der Natur und während der gleichbleibenden Laufbewegung mehr Zugang zu ihrem Innenleben spüren und so mehr Gedanken über sich selbst an die Oberfläche kommen. In anderen Bereichen bleiben diese Gedanken in Gesprächen womöglich eher blockiert, wie bei einer Tasse Kaffee auf dem Sofa. Zudem führen das gemeinsame Ausloten der eigenen Grenzen und gemeinsame emotionale Erlebnisse beim Laufen zu einem intensiven Kennenlernen. Für mich lässt daher der gemeinsam erlebte innere Wert beim Laufen Freundschaften entstehen. Beim Rückwärtslaufen kommt die

Bereitschaft hinzu, sich selbst nicht so wichtig zu nehmen, und die Notwendigkeit, sich im Zweifel auf den anderen verlassen zu müssen. Beides kann ebenfalls Freundschaften fördern.

Sehr gerne gehe ich aber auch für mich alleine in der Natur laufen. Die Natur beurteilt nicht und kennt weder Wände und Kleidung noch Masken und Rollen. In unserem Alltag haben wir uns eine Welt der Normen geschaffen. Von den Formen von Lebensmitteln über die Belastungsuntergrenze von Kloschüsseln bis hin zum Abstand zwischen den Stäben eines Grillrostes, rund 33.000 DIN-Normen sorgen für ein völlig durchgenormtes Leben um uns herum. Auch wenn es vielleicht nicht die Ursache war, so ist doch zu erwarten, dass zumindest die Folge davon die Normung auch unserer Gedanken ist.

Der weite Blick, die tiefe Atmung und die Gerüche in der Natur sind immer wieder ein kleiner Ausbruch aus unserer Welt der Normen, befreien meine Gedanken aus ihrer Enge und lassen mich etwas verstehen, das mir innerhalb von Gebäuden verwehrt bleibt. Wir können nicht ohne die Natur leben, sie aber absolut ohne uns. Urvölker wie die Aborigines oder die Indigenen leben dieses Verständnis in Einklang mit der Natur. Wir mit unseren genormten Gedanken haben es verlernt und den Bezug zur Natur verloren. Denn auch die haben wir ja genormt. Die Flüsse sind begradigt und die Bäume der Wälder stehen in Reih und Glied. Sich selbst überlassene Wälder gibt es ja in Deutschland fast gar nicht mehr, sondern nur noch Plantagen. Haben wir uns damit nicht einer wichtigen Inspirationsquelle beraubt? Den längst verlorenen Bezug zur Natur kann ich in Plantagen nicht zurückgewinnen, aber inmitten der Bäume und Pflanzen habe ich manchmal schon das Gefühl, dort hinzugehören und zumindest ein bisschen nach Hause zurückzukehren.

Manchmal unterbreche ich einen Lauf ganz bewusst, um mich auf den Stamm eines Baumes zu setzen und die Zeit zu vergessen. Vielleicht tue ich es auch, um mich etwas von ihm lehren zu lassen. Denn gerade große alte Bäume beeindrucken mich immer wieder. Sie sind wahre Meister der Ruhe. Während sie seit Jahrzehnten und Jahrhunderten ruhig vor sich hin stehen, wundern wir uns, welche geschichtlichen und gesellschaftlichen Ereignisse, Entwicklungen und Wendungen von uns Menschen sie in ihrer Lebenszeit in aller Ruhe miterlebt und beobachtet haben. Vielleicht wollen mich alte Bäume genau diese Ruhe lehren. Dass ich im Laufen Ruhe finden kann, sehe ich als große Lebensqualität an. Denn dann schalten sich meine Leerlaufnetzwerke ein. Und manchmal spüre ich geradezu, wie es auf einer anderen Ebene vor Erkenntnissen nur so sprudelt.

Ich habe schon häufig die Erfahrung gemacht, dass mir gerade beim Laufen eine Idee kam, auf die ich zuvor nicht gekommen war. Manchmal erschien mir beim Laufen die Lösung eines Problems gerade dann, wenn ich nicht darüber nachdachte. Es ist fast so, als würde beim Laufen ein Hindernis umfallen, das mir vorher den Blick zur Lösung verstellt hatte. Vielleicht denken wir, wenn wir zu viel nachdenken, ja zu abstrakt und übersehen daher das Meiste. Weil die Gedanken dann zu viele Kurven und Wendungen machen müssen und nur noch mit abgeschwächter Kraft ankommen. Vermutlich ist es auch gerade der Zwang, eine Lösung finden zu müssen, der den Lauf der Gedanken blockiert.

Ich denke, dass beim Vorwärtslaufen Hindernisse in meiner Gedankenstruktur aufgelöst werden. Dennoch bewegen sich meine Gedanken dabei immer noch innerhalb ihrer vorgefertigten Bahnen, die sich durch meine Gewohnheiten, Vorstellungen und Meinungen verfestigt haben.

Beim Rückwärtslaufen habe ich das Gefühl, diese fest gewordenen Bahnen meiner Gedankenstruktur zu verlassen und neue Verbindungen zwischen ihnen herzustellen. Ja, ich breche beim Rückwärtslaufen förmlich aus meiner Gedankenstruktur aus und kehre verändert nach Hause zurück. Ein Grund dafür ist sicherlich, dass ich die Umwelt nicht wie gewohnt hauptsächlich mit meinen Augen wahrnehme, sondern intuitiv laufe und antizipieren muss. Am Anfang fühlte es sich nur erstaunlich und nicht richtig fassbar an, was da beim Rückwärtslaufen in mir vorging. Ich brauchte lange, bis ich verstand, dass Rückwärtslaufen meine Gedankenstruktur immer wieder vor Neues stellt und somit verändert.

In der Qigong-Meditation erkannten die Chinesen nicht nur die körperlichen Vorteile des Rückwärtsgehens viel früher. So spürten sie beim Rückwärtsgehen auch, dass der Geist beansprucht wird, weil der Körper ins Ungewisse geht und die ungewohnten Bewegungen und Sinneseindrücke ein neues Denken fördern.

Ergebnisse aus der Hirnforschung scheinen die von den Chinesen seit langer Zeit beobachteten neuronalen Unterschiede zwischen Rückwärtsgehen und Vorwärtsgehen nun ebenfalls zu bestätigen. Denn einige Wissenschaftler gehen davon aus, dass die Antriebssteuerung beim Rückwärtsgehen unter der Kontrolle von anderen neuronalen Netzwerken geschehe als beim Vorwärtsgehen, nämlich von solchen unterhalb der Großhirnrinde[45].

Weiter beobachteten sie, dass beide Netzwerke nicht miteinander interagieren würden, selbst wenn beim Rückwärtsgehen visuelle Reize durch eine virtuelle Umgebung erzeugt würden[46].

Forschungsergebnisse von Wissenschaftlern der belgischen Leuven-Universität zeigten jedoch auf, dass Patienten mit Lähmungserscheinungen paariger Körperteile (zum Beispiel von Armen), die durch Schädigung dieser Gehirnregion in der frühen Kindheit hervorgerufen worden waren, beim Rückwärtsgehen keine Unterschiede zu gesunden Patienten aufwiesen[47]. Diese Ergebnisse weisen darauf hin, dass die Bewegung beim Rückwärtsgehen, wie beim Vorwärtsgehen, -laufen und Schwimmen auch, von Nervenzellen im Rückenmark kontrolliert wird, die vom Hirnstamm aktiviert werden und anschließend selbstständig rhythmische Muskelbewegungen veranlassen, ohne dass sie von einem übergeschalteten Hirnzentrum gesteuert werden müssen.

Der erste Antrieb muss aktiv herbeigeführt werden, und dann geschieht die Bewegung praktisch automatisch? Das erinnert mich an den ersten Moment der Überwindung beim Rückwärtslaufen und den Punkt der Verwandlung kurz darauf, wenn alle Fragen und Zweifel aufhören und ich immer weiter rückwärts laufen könnte.

Weitere Untersuchungen zu Unterschieden zwischen beim Vorwärtsgehen und Rückwärtsgehen ausgelösten Hirnaktivitäten ergaben, dass beim Rückwärtsgehen mit dem Motorcortex und dem Frontallappen solche Gehirnregionen stärker aktiviert werden, die für den Bewegungsablauf zuständig sind[48]. Vermutlich stellt Rückwärtsgehen eine höhere motorische Herausforderung dar als Vorwärtsgehen.

Zudem wird beim Rückwärtsgehen der obere Teil des Perietallappens aktiviert. Er befindet sich im hinteren Teil des Großhirns und geht in den Precuneus über, der als größte

Region des Leerlaufnetzwerks maßgeblich für die Innenschau verantwortlich ist. Der obere Teil des Perietallappens übernimmt die Aufgabe des Assoziationszentrums, in dem Informationen von der Außenwahrnehmung mit Verhaltensmustern und Emotionen verknüpft werden.

Wenn für das Rückwärtslaufen dieselben Mechanismen gelten wie für das Rückwärtsgehen, lassen diese Ergebnisse den Schluss zu, dass beim Rückwärtslaufen die Innenschau noch mehr aktiviert wird als beim Vorwärtslaufen. Die Chinesen haben es wirklich immer schon gewusst!

Beim Rückwärtslaufen verlasse ich mich inzwischen vollkommen auf meine Intuition, die die Römer bereits mit „nach innen schauen" beschrieben. Auch wenn ich ohne Begleitung rückwärts laufe, schaue ich mich nur selten um. Zu offensichtlich ist einfach die geringe Gefahrenstufe. Wenn dann doch Menschen oder Tiere den Weg mit mir teilen, weiß ich ja, dass auch sie mitdenken und reagieren können. Meistens laufen wir aber einfach aneinander vorbei, ohne dass jemand ausweichen muss. Der Weg ist oft breit genug für mehrere. Selbst wenn an Sommertagen ein Weg mal richtig voll sein sollte und Radfahrer und Inlineskater aus beiden Richtungen kommen, habe ich gelernt, immer im richtigen Augenblick die Lücke zwischen ihnen zu finden. Mir fällt es inzwischen leicht, auf Wegen mit vielen Hindernissen und Menschen kollisions- und unfallfrei rückwärts zu laufen. Ich höre einfach auf meine Intuition. Sie weist mir schon meinen Weg.

Für den Neurobiologen Gerald Hüther kommt die Intuition aus der Tiefe des Bewusstseins, ist mit dem Verstand nicht zu erfassen und lässt etwas Neues entstehen[49]. Dazu trügen auch die Spiegelneurone im Gehirn bei.

Spiegelneurone befinden sich im Precuneus und sind nicht nur dann aktiv, wenn wir eine Bewegung ausführen, sondern auch dann, wenn wir diese Bewegung bei anderen nur beobachten, ohne dass uns etwas davon bewusst ist[50]. Daher ermöglichen sie uns zu verstehen, was in einem anderen Menschen vorgeht und leisten daher auch einen wichtigen Beitrag zur Empathie. Zudem spielen sie eine wichtige Rolle in vielen Sportarten, bei denen in sehr kurzen Reaktionszeiten Entscheidungen getroffen werden müssen, wie etwa beim Handball.

Grundlage für unsere Entscheidungen ist laut Hüther dann nicht mehr das bewusste Denken, weil es schlichtweg zu lange dauern würde, sondern unser Schatz an Erfahrungen[49]. Da alle Erfahrungen an Gefühle gekoppelt sind, sei die Intuition auch mitverantwortlich dafür, dass wir in einer Tätigkeit aufgehen können, für die wir eine Leidenschaft empfinden. Hüther hält daher Erfahrungen für wichtiger als auswendig gelerntes Wissen. Denn Erfahrungen verdichteten sich bei häufiger Wiederholung zu einer inneren Einstellung und Haltung wie Dankbarkeit und Bedachtsamkeit und bestimmten, wie man mit sich und anderen umgeht. Zudem sei von den Erfahrungen die Entwicklung der Bereitschaft abhängig, eine innere Stimme wahrzunehmen und auf sie zu hören.

Wie oft hat mich meine innere Stimme schon aufgefordert, laufen zu gehen! Sie hat mich auch bei vielen Rückwärtsläufen begleitet. Ich habe einfach das Gefühl, das Richtige zu tun. Das liegt auch an den vielen Selbsterkenntnissen, die mich dabei überkommen. Ich habe begriffen, dass Rückwärtslaufen immer eine gute Methode ist, wenn ich etwas über mich lernen möchte. Oft kehre ich bereichert nach

Hause zurück, bereichert mit Erkenntnissen und Einfällen, die in mein Bewusstsein gesprungen sind.

Der neuronale Vorgang, bei dem Gedanken vom Leerlaufnetzwerk ins Bewusstsein aufsteigen, wird immer noch nicht richtig verstanden[43]. Es wird angenommen, dass neue Informationen im Unbewussten mit Erinnerungen und Emotionen verknüpft werden und somit auf ungemein komplexe Weise den Weg für Kreativität und ungewöhnliche Einfälle ebnen.

Kreativität ist die Fähigkeit, schöpferisch zu sein und entsteht dann, wenn Effizienzanforderungen gering sind[51]. Sie gilt als grundlegender Wesenszug des Homo Sapiens. In unserer heutigen auf Effizienz ausgerichteten Welt haben wir uns ein konvergentes oder schlussfolgerndes Denken angeeignet. Damit lösen wir Probleme planmäßig und linear, bis wir Schritt für Schritt nach gewohnten Strategien zur richtigen Lösung gelangen. Kreativität dagegen beruht auf einer völlig anderen Denkweise. Beim divergenten Denken verlassen wir die gewohnten Denkstrategien und kommen der Lösung eines Problems eher assoziativ näher. Dabei berücksichtigen wir auch Momente der Inspiration, die die Römer bereits mit „Beseelung" oder „Einhauchung" beschrieben, und umgehen zensierende Gedanken.

Dieser Moment im Sommer 2009, als ich mir in meiner Studentenbude die Weltrekordliste im Rückwärtslaufen anschaute, entfachte eine Inspiration in mir. Sie rief die Idee in mir hervor, das Rückwärtslaufen zu intensivieren, und war mit meinem Verstand nicht zu erklären. Im Gegenteil, der Verstand versuchte sofort, mit handfesten rationalen Argumenten gegen diese Idee das Gefühl der Freude abzuschwächen, das die Inspiration hervorgerufen hatte. Es war wieder ein Moment, in dem ich spürte, dass es falsch ist, die Welt immer nur mit dem Verstand oder purer Vernunft wahrnehmen zu wollen.

Heute würde ich sagen, dass ich mir meiner Beweggründe für die Entscheidung zur Umsetzung dieser Idee nicht wirklich bewusst war. So schilderte es auch der Texaner Plennie Wingo über seine plötzliche Inspiration im Jahr 1931, rückwärts um die Welt zu gehen. Auch der Taiwanese Backmantony fühlte sich inspiriert, als er im Jahr 1992 die Teilnehmer seines Fitnesskurses auf dem Laufband rückwärts laufen sah.

Und ja, die Inspirationen, die Wingo, Backmantony und mich jeweils in einem Moment überkamen, sollten unser Leben verändern. Wie viele Türen haben sich durch diesen Moment der Inspiration geöffnet, wie viele liebe Menschen durfte ich dadurch kennenlernen? Wie viele von ihnen haben mich im Großen und im Kleinen wieder inspiriert? Die Vorstellung, nicht durch diese Türen gegangen zu sein und die Momente und Menschen dahinter nicht erlebt zu haben, würde mich traurig stimmen. Heute versuche ich mich vor Unbekanntem nicht abzuschotten, sondern eine Chance darin zu sehen. Was ich in meinem Leben am meisten bereue, sind eben nicht ergriffene Chancen und Ideen. Ohne die Ergreifung der Idee, die sich da im Sommer 2009 in mir bildete, wäre ich nun auch nicht hier beim Frankfurt-Marathon.

Kapitel 8

Tunnelblick

Nach der Halbmarathon-Marke hielt die Erleichterung nicht lange an. Schnell realisierte ich, dass die zweite Hälfte kein neuer Beginn war und der Zauber der ersten Kilometer nicht zurückkommen sollte. Gedankenspiele kann man jeder Zeit machen, um sich bewusst etwas vorzumachen, aber hier im Tunnel des Mittelstücks waren sie völlig machtlos. Immer schwächer wurde das Licht, das von seinem Anfang noch hinein strahlte. Der Tunnel hatte die Macht über mich, trieb mich in Richtung Dunkelheit und gab mir zu verstehen, dass mir noch ein sehr langer Weg bevorstehen würde.

Beim Blick in die Gesichter der anderen Läufer sah ich kein Lächeln mehr. Natürlich hatten die anderen Läufer auch schon einen Halbmarathon hinter sich und Kraftreserven verbraucht. Jedoch wertete ich ihren Gesichtsausdruck als Spiegel von meinem. Konzentration hatte die Freude ersetzt.

Nachdem die Marathonstrecke in Richtung einer Brücke abgebogen war, zeigte mir ihr Anstieg die ersten leisen körperlichen Anzeichen von Erschöpfung auf. Auf einmal musste ich mehr Kraft aufwenden, um die Geschwindigkeit zu halten. Auf der anderen Seite der Brücke ging es zwar wieder leicht weiter, dennoch war die Anstrengung nicht vergessen. Meine Reaktion darauf war, dass ich mich weiter in mich zurückzog. Im äußeren Tunnel des Mittelstücks verfiel ich nun in einen Tunnelblick. Dieser doppelte Tunnel und das Zurückschauen veränderte mehr und mehr meine Wahrnehmung. Zuschauern und Musik neben der Strecke wie Kleinigkeiten auf der Strecke schenkte ich immer weniger Aufmerksamkeit.

Wo bin ich? Am Beginn der zweiten Hälfte des Marathons. Doch die Frage um das Ich wird zu einer anderen. Foto: Cosima Eisenhuth

Der Tunnelblick beschränkte das, was ich in der Außenwelt wahrnahm, immer weiter bis hin zu den Signalen meines Körpers und noch darüber hinaus. Ich begann, äußere Reize zu unterdrücken, und blendete die Anzeichen der Erschöpfung einfach aus. So schnürte mir die veränderte Wahrnehmung schließlich einen Teil meiner Körperwahrnehmung ab. Im sonstigen Leben sehe ich den Körper als einen untrennbaren Teil von mir an und identifiziere mich absolut mit ihm. Ich pflege ihn mit Bewegung und ausreichend Vitaminen, damit es mir gut geht, denn körperliche Fitness halte ich für eine Voraussetzung für ein zufriedenes Leben. Und nun hatte dieser Marathon es bereits nach der Hälfte geschafft, meine Körperwahrnehmung zu reduzieren. Wenn ich meinen Körper nur noch abgeschwächt wahrnahm, gehört er dann doch nicht so ganz zu mir? Oder anders ausgedrückt, was ist dann überhaupt das Ich?

Der Philosoph Mark Rowlands sieht in dieser reduzierten Körperwahrnehmung während des Marathons eine Reduzierung der Ich-Wahrnehmung und nennt sie die cartesische Phase nach dem Philosophen René Descartes[25]. Descartes sah im 17. Jahrhundert eine klare Trennung zwischen physischem Körper und nicht physischem Geist einer selben Sache. Später wurde sie als cartesischer Dualismus bezeichnet. In der cartesischen Phase des Marathons sieht Rowlands einen Wandel vom verkörperten Ich zu einem entkörperten Ich. Der Körper ist für ihn daher nicht länger Teil von dem, was ich bin, sondern ein Gegenstand, den ich benutze, um ins Ziel zu kommen.

Für den Entwicklungspsychologen Rüdiger Pohl gibt es das Ich im Hier und Jetzt und das autobiografische Selbst, das Kontinuum von der Vergangenheit bis in die Zukunft[52].

Pohl forscht am autobiografischen Gedächtnis und kam zu dem Schluss, dass wir sind, was wir erinnern. Eine Voraussetzung für die Entwicklung des autobiografischen Gedächtnisses sei das Verständnis einer Zeitschiene, die uns ermögliche, Erinnerungen in eine richtige zeitliche Reihenfolge zu bringen.

Auf meiner Zeitschiene liegt die Erinnerung an den Morgen, an dem ich verkatert im Bett lag und es plötzlich an der Tür klopfte, vor der Erinnerung an die Rufe der Jugendlichen in Bremerhaven, von denen ich mir nur „Ihr Penner!" behalten habe. Diese liegt vor der Erinnerung an das luxuriöse Zimmer im 5-Sterne-Hotel am Tegernsee. Und diese Erinnerung liegt vor der Erinnerung an die Pressekonferenz mit Wilson Kipsang vor zwei Tagen, und diese vor der Erinnerung an Kilometer 13, als ich mir die Schuhe neu schnüren musste. Die Zeitscheine, auf der all die Erinnerungen meines Lebens in einer chronologischen Reihenfolge abgespeichert sind, endet im jetzigen Moment hier bei Kilometer 23 beim Frankfurt-Marathon. Alle Erinnerungen meines Lebens auf dieser Zeitschiene gehören zu mir und machen mich nach Pohl zu dem, was ich bin.

Ich bin auch der Meinung, dass wir unsere Identität beim Zurückschauen entdecken können. Wie oft fallen einem Prozesse, Zusammenhänge und Gabelungen nicht erst auf, wenn man auf seiner Zeitschiene zurückschaut? Vielleicht liegt ja darin auch das Geheimnis des Rückwärtsgehen-Qigong in China. Der dänische Schriftsteller Søren Kierkegaard hatte schon ganz recht, als er sagte: „Verstehen kann man das Leben rückwärts, leben muss man es aber vorwärts."

Aber natürlich sind Erinnerungen keine Fixpunkte auf einem unsichtbaren Zeitstrahl, den jeder hinter sich herzieht.

Die allermeisten Erinnerungen, auch wenn sie einmal von Bedeutung waren, vergisst das Gehirn einfach wieder. Außerdem verblendet und verzerrt es Erinnerungen, bringt sie durcheinander und erfindet neue hinzu. Gerade beim Erinnern wird deutlich, wie groß die Schwächen des Gehirns sind und wie leicht es ausgetrickst werden kann.

Plötzlich stieg die Essener Begleitläuferin aus. Während wir uns von ihr entfernten, zeigte sie resigniert an, dass ihr keine andere Wahl blieb. Ich war sehr überrascht. Wenn sie, die doch eine schnellere Zielzeit als wir eingeplant hatte, schon hier bei Kilometer 24 aussteigt, kann es dann nicht noch einmal passieren? Der Mann mit dem Hammer kommt doch erst in zehn bis 15 Kilometern! Der Marathon hatte sein erstes Opfer gefordert.

Nach 25 Kilometern zeigte die Uhr 2:09:47 Stunden an. Die aktuelle Laufgeschwindigkeit war auf 5:16 Minuten pro Kilometer gesunken. Mein Puffer von 2:50 Minuten hatte nicht mehr zugenommen. Ich wusste, dass er nun ausreichen musste, um die Zeit auszugleichen, die ich ab jetzt noch verlieren würde. Und davon war auszugehen. Denn die Anstrengung nahm nun deutlich zu. Kann das bis zum Ende gut gehen, oder waren das schon die ersten Anzeichen auch meines Einbruchs?

Noch immer konnte ich den Ausstieg der Begleitläuferin nicht ganz fassen. Gleichzeitig beschlich mich ein beklemmendes Gefühl. Mit ihrem Ausstieg war die Schonfrist des Marathons nun endgültig abgelaufen und der Rest meiner Naivität verloren gegangen. Den Pfeilen, die der Marathon an seinem Ende abfeuert, kann ein Läufer an seinem Anfang noch leicht ausweichen. Je näher er aber dem Ende kommt, desto kürzer wird die Zeitspanne, die ihm noch zum Ausweichen bleibt. Schon auf diesem Streckenabschnitt war der Marathon so stark, dass er jeden Läufer, der einen Moment der Schwäche zeigte, einfach so abschießen konnte. Und wie oft hatten mich Pfeile voriger Marathons auf ihrer zweiten Hälfte nicht schon abgeschossen oder zumindest angeschossen?

Das beklemmende Gefühl flüsterte mir etwas zu. Es war tatsächlich der Marathon selbst. Selbstsicher sagte er: „Ha, Treffer! Deine Begleitläuferin ist schon mal raus. Jetzt habe ich dich im Visier. Wenn du auch nur einmal straucheln solltest, wird dich mein Pfeil treffen. Und du kannst die Pfeile ja gar nicht sehen. Das hast du nun vom Rückwärtslaufen. Ist das die Herausforderung, die du wolltest? Dann bitte schön! Wenn du scheiterst, habe ich gewonnen. Wenn du aber meinen Pfeilen ausweichst und das Ziel erreichst, mögest du belohnt werden – mit innerem Reichtum. Mach dich auf was gefasst." Nun war ich richtig im Marathon angekommen.

Der Marathon verwandelte seine Strecke von einer flachen asphaltierten Straße in einen unübersichtlichen Hindernislauf mit Gefahren, Fallen und Abgründen. Der äußere Tunnel nahm ihr zusätzlich das Licht, und der zunehmende Tunnelblick schnürte immer mehr von meiner Außenwahrnehmung ab. Obwohl die Zuschauer an der Strecke und die Läufer um mich herum ganz nahe waren, waren sie ganz weit weg. Ich fing an, in einer trancehaften Versunkenheit zu laufen.

Ich sitze in der Schule. Der Raum ist quadratisch. Die Wände sind weiß. Die Gesichter der Mitschüler sehen alle gleich aus. Eine weitere Sache eint sie. Ihr tief eingeschnittener Ausdruck der Lebensunerfahrenheit. Der Lehrer ermahnt mich bei jeder Bewegung. Schüler machen den Lehrer nach. Sie kriegen gute Noten. Dann erkenne ich an meinem Bein die Fußfessel. Ich bin hier gefangen. An jedem Tag derselbe Stuhl. Ein beklemmendes Gefühl. Meine Haut wird alt. Draußen, die Vögel singen, lacht die Sonne, gibt es tausend Möglichkeiten. Aber das ist nicht das Leben. Das Leben ist hier. Auf meinem Tisch eine Fliege. Es ist nicht ihr Lebensumfeld. Direkt daneben das offene Fenster. Sie müsste nur hochschauen und fliegen. Aber ihr fehlt der Weitblick. Mir auch. Ich kriege Pickel. Immer mehr Pickel. Ich schaue raus. Es regnet in Strömen. Der Wind peitscht ans Fenster. Das verspricht Abenteuer. Aber das ist nicht das Leben. Das Leben ist hier. Das Leben ist Anpassung. Ein Ort der Anpassung, nicht der Kreativität. Auf einmal löse ich mich von meinem Stuhl und stehe auf. Der Klassenraum erscheint bildlich vor meinem inneren Auge und ich laufe rückwärts weiter und davon.

Ein anderes Bild entsteht. Ich bin auf einem Musikfestival mit vielen Menschen und Zelten und tanze ausgelassen. Mit jedem Tag, den das Festival länger andauert, gehe ich mehr aus mir heraus und lege die Spießigkeit ab. Im Gesicht eines Kindes sehe ich ein ungläubiges Lächeln und schaue an mir herunter. Es denkt, ich bin der Weihnachtsmann, aber ich trage nur sein Kostüm. Das Lächeln des Kindes, das mich staunend aus seinen großen Augen ansieht, bleibt haften, während auch dieses Bild verschwindet.

Ein paar Momente denke ich an nichts, dann entsteht ein neues Bild. Ich sehe einen dunklen Besprechungsraum mit einem langen Tisch, Bürostühlen und einer kargen Wand. Das bunteste in diesem Raum sind meine Gedanken, die vor Kreativität hin und her springen. Dann auf einmal muss ich das Wort ergreifen und im Stehen die neuen Zahlen präsentieren. Nun sind meine Gedanken genau so grau wie mein Umfeld. Als ich mich wieder setze und eine Weile vergeht, fängt es in meinem Kopf an zu zischen. Ein Rot entsteht, dann ein Grün, ein Blau und schließlich eine Achterbahn, und meine Gedanken sind so bunt wie vor der Präsentation.

Wie in einem Traum hatte ich keinen Einfluss mehr auf das, was für Bilder da gerade in mir hochkommen. Ein neues Bild entsteht. Ich halte einen Liederzettel in einem Kirchengottesdienst in meinen Händen. Die ersten Zeilen singe ich mit, aber dann lese ich Zeilen, die ich für Quatsch halte. Meine Stimme bleibt weg und ich höre auf zu singen. Alle Menschen um mich herum singen weiter, bevor ich einen lieb gemeinten Hieb von der Seite bekomme, der mich daran erinnern soll, weiter zu singen, wie es alle anderen ja auch tun. Schweigend lese ich mir die Zeilen noch mal durch und schaue auf den Boden.

Beim Laufen fällt mein Blick nun ebenfalls Richtung Boden. „Pass auf, Rechtskurve!" werde ich aus meinen Gedanken gerissen. „Hörst du nicht mehr richtig?" „Oh, danke!", antworte ich und schaffe es gerade noch rechtzeitig, abzubiegen. Nach dem Aufwachen merke ich, dass ich ganz schön weggetreten war. Wie oft versuchen wir, Gedanken zu kontrollieren oder zu kanalisieren? Ich lasse nun alle Gedanken zu, weil ich mich sowieso nicht dagegen wehren kann. Ich brauche die Energie ja fürs Laufen. Nach ein paar Momenten des Überlegens erinnere ich mich, dass ich hier bei Kilometer 26 bin. Nun merke ich auch meine Erschöpfung wieder. Ein paar hundert Meter weiter vernebelt sich mein Blick erneut und ich falle in den Tunnelblick zurück.

136

Ein neues Bild entsteht. Das Bild eines wunderbaren Bergpanoramas am Horizont. Ich trage einen Rucksack und befinde mich am Anfang einer Wanderung. So weit der Blick reicht, die Luft riecht nach Frühling und Neuanfang. Ein Gefühl voller Freiheit entsteht. Ich habe den ganzen Tag noch vor mir. Er scheint mir so unvorhersehbar. Was für Wege, Ausblicke und Wanderer ich heute noch entdecken werde! Der Tag erscheint mir so, wie das Leben sein sollte, als ein Ort des Entdeckens, ein Ort der Möglichkeiten, in dem das Kindliche und Ungestörte wieder die Oberhand gewinnt, ein Ort, an dem man das Echte spürt.

Genau dieses Echte, das so oft unter den vielen Schleiern der gesellschaftlichen Normen, Erwartungshaltung, eigenen Bedürfnisse und Gedankenmuster verborgen liegt, spüre ich nun hier bei diesem Marathon. Wie oft im Leben wird dieses Echte überdeckt, überlagert, vernachlässigt, ja sogar vergessen? Das Laufen ist für mich immer eine von wenigen Möglichkeiten gewesen, zu diesem Echten durchzudringen und mir selbst am nächsten zu sein.

Dass häufiges Vorwärtslaufen gut tut und die Selbstheilungskräfte stärkt, hatte ich schon lange verstanden. Die beim Rückwärtslaufen veränderte Wahrnehmung lässt mich noch etwas Weiteres verstehen, das ich in vielen anderen Aktivitäten vergeblich suche. Beim Rückwärtslaufen über lange Distanzen habe ich das Gefühl, zu mir selbst zu kommen. Ich kann ich selbst sein. Dann spielen Einflüsse von außen keine Rolle mehr. Gerade weil ich mich davon befreie, kann ich etwas tun, was sonst wohl niemand auf der Welt tut.

Friedrich Nietzsche verglich die Gesellschaft mit einer Herde[53]. Wie Tiere in einer Herde würden wir dazu neigen, der Gruppe zu folgen, wohin sie auch gehen möge, ohne aufzuschauen oder selber nachzudenken. Die Gesellschaft belohne uns sogar für die Anpassung und unterdrücke unsere Individualität. Rückwärtslaufen ist ein Weg für mich, dem Herdentrieb der Gesellschaft auszuweichen und eine Art von Freiheit zu spüren, die so oft im Herdentrott von sozialen Konventionen zunichte gemacht wird.

Im Training für den Frankfurt-Marathon hatte ich das Gefühl, dass er wohl erst mal die einzige Möglichkeit für mich bleiben wird, einen neuen Weltrekord über diese Distanz aufzustellen. Ich hatte gerade mein Studium abgeschlossen und daher viel Zeit zu trainieren. Viel mehr als das Rückwärts-Training hätte ich in den Wochen vor dem Marathon auch gar nicht geschafft. Dafür war es einfach zu ermüdend. Ich ahnte eigentlich schon, dass sich mein Leben schon in der nächsten Marathonsaison im Frühling des kommenden Jahres mit einem anspruchsvollen Job enorm ändern würde, und sollte recht damit behalten. Und ich wusste, dass ich die Kilometerumfänge rückwärts, die es für diesen Weltrekord benötigte, mit diesem Job nicht unter einen Hut kriegen kann und möchte.

Daher spürte ich deutlich, dass der Frankfurt-Marathon eine einmalige Chance für dieses Projekt war. Eine einmalige Chance stelle ich mir oft wie ein Zeitfenster vor, das sich öffnet, günstige Bedingungen schafft und wieder schließt. Für die Ergreifung dieser Chance bleibt mir nur die Zeit innerhalb dieses Zeitfensters, die für mich daher etwas mit der Gewissheit „Jetzt oder nie!" zu tun hat.

Und das Zeitfenster für den Weltrekordversuch im Marathon-Rückwärtslaufen war genau jetzt. Es öffnete sich etwa zwei Monate vorher, als die Idee überhaupt erst entstand, und schloss sich wieder mit dem Eintritt in den kommenden Job.

Die Ahnung, dass sich das Zeitfenster, in dem ich mich gerade befand, auch wieder schließen wird, machte mir wieder einmal die Endlichkeit von Dingen bewusst.

Manchmal holte ich in Gedanken weiter aus und machte mir klar, dass mein ganzes Leben auch nur ein Zeitfenster ist, das sich wieder schließt. Ein großes Zeitfenster, das viele kleine beinhaltet.

Doch ist das Zeitfenster meines Lebens überhaupt so groß? Ich habe immer so getan, als wäre es riesig oder sogar unendlich groß. Weil wir heute in Europa ja in einer so friedlichen Zeit leben und das Leben oft in die Zukunft ausrichten. Aber klar, da mache ich mir was vor, denn das vermeintlich große Zeitfenster des Lebens kann sich jederzeit wieder abrupt schließen. Diese Gedanken machten mir die Endlichkeit meines eigenen Lebens bewusst.

Beim Rückwärtslaufen wurde ich mir in manchen Momenten meiner Freiheit durch die Entrückung von der gesellschaftlichen Norm bewusst und in anderen Momenten meiner Sterblichkeit. Ab und zu taten sich diese beiden Erkenntnisse zusammen und schossen wie ein Blitz in mein Bewusstsein. Die doppelte Erkenntnis aus eigener Freiheit und Sterblichkeit, die allzu oft von der Anpassung an soziale Normen verhindert wird, ließ mich die Dringlichkeit spüren, diesen Weltrekord genau jetzt anzugreifen. Für den Philosophen Martin Heidegger rief diese Erkenntnis eine Angst hervor, die uns dazu auffordert, etwas aus unserem Leben machen zu müssen und unsere begrenzte Zeit sinnvoll und verantwortungsvoll zu nutzen[53].

Auch wenn es sich skurril anhört, dass ich den Sinn in der Unterbietung eines Weltrekordes im Rückwärtslaufen sah, folgte ich, wie wir alle wohl auch, nur dem Prinzip der

Aufklärung, die Verantwortung für das eigene Leben mit eigenen Entscheidungen selbst zu übernehmen.

Bei Kilometer 28 wurde der Tunnelblick immer schmaler. Wie ein Baum, dessen schwindende Wasserreserven ihn zum Austrocknen äußerer Äste zwingen, entzog ich der Außenwahrnehmung immer mehr von meiner abnehmenden Energie und verlagerte sie in die stupide Aufrechterhaltung des Laufens. Und dann passierte es. Nachdem es bislang kein Problem gewesen war, bei einer angesagten Rechtskurve nach links zu laufen, lief ich nun nach rechts und erwischte dabei fast einen anderen Läufer. Der einfache Hinweis „Rechtskurve" stellte ein zu hohes Hindernis für mich dar.

Schnell wurde den Begleitläufern klar, dass wir ein anderes Kommunikationsmittel brauchten. Bei der nächsten Kurve streckte einer von ihnen den linken Arm aus und ich wusste, in welche Richtung die Strecke führt. Um sicherzugehen, dass ich überhaupt noch laufe, schaute ich manchmal in die Hausfenster, in denen ich mich spiegelte. Sonst weiß ich nicht mehr, wohin mein Blick fiel.

Plötzlich stieß ein weiterer Begleitläufer zu uns hinzu. Ich war ganz überrascht, denn schließlich wollte er schon viel früher einsteigen. Auf einmal stand er an der Strecke und begrüßte uns mit einem großen Lächeln. Mit ihm hatte ich im Training mal einen gemeinsamen 30-Kilometer-Lauf absolviert, er vorwärts und ich rückwärts. Eine Woche nach diesem Marathon sollte er sich seinen Lebenstraum erfüllen und den New-York-Marathon unter drei Stunden laufen. Verrückt und mutig, wie er ist, ging er aus dem ersten Startblock an die Spitze des Rennens und führte den New York-Marathon vor Topläufern wie Haile Gebrselassie an. Hier wollte ich ihn nun mit einem lustigen Spruch begrüßen oder einem versauten Witz, aber alles, was ich herausbrachte, war ein monotones, angestrengtes „Hey". Nun waren wir wieder zu fünft. Drei Begleitläufer, ein Begleitradfahrer und ich. Auch wenn wir uns nun schweigend der 30-Kilometer-Marke näherten, die bloße Anwesenheit meiner Freunde tat mir einfach sehr gut.

Kapitel 9

Das Ich im Boxring

Nur selten schafften es Reize von außen noch in meine Wahrnehmung. Aber die Ansage des nächsten Kilometerschildes schaffte es immer. Nachdem am Anfang des Marathons die Kilometerschilder an uns nur so vorbeigeschossen waren, konnte ich nun kaum glauben, dass ein Kilometer so lang sein konnte.

Nach 30 Kilometern zeigte die Uhr 2:36:10 Stunden an. Die aktuelle Laufgeschwindigkeit lag mit 5:17 Minuten pro Kilometer immer noch genau im Soll, aber ich musste nun immer mehr Energie aufbringen, um diese Geschwindigkeit zu halten. Der gesamte Laufschnitt war auf 5:12 Minuten pro Kilometer abgesunken. Da mein Puffer noch immer 2:50 Minuten betrug, durfte ich mir nun eine Geschwindigkeit von 5:30 Minuten pro Kilometer erlauben, um den Weltrekord zu schaffen. Aber die Anstrengung nahm mit jedem Kilometer zu.

Die Strecke führte ab Kilometer 30 nun schnurgerade wieder in die Frankfurter Innenstadt zurück. Das war wirklich eine große Vereinfachung für das ganze Team. Es gab schon immer wieder Läufer, die wir überholten, weil sie der Marathon, erbarmungslos wie er ist, noch näher an ihre Grenzen getrieben hatte als mich. Die Helfer hatten aber aufgrund der geraden Strecke leichtes Spiel, auf diese Läufer hinzuweisen.

In dem Wissen, dass für längere Zeit keine Kurve mehr angesagt wird, versank ich noch mehr in mir. Nachdem ich meine Außen- und Körperwahrnehmung schon reduziert hatte, vernebelte sich nun mein Blick. Nur noch wenige Reize nahm ich mit meinen Augen überhaupt noch bewusst wahr. So verschwanden viele Bilder, die die Augen wahrnahmen, aus meinem Bewusstsein. Bei meinen vorigen Marathons lief ich irgendwann auch im Tunnel, aber weil ich noch die Strecke sah, die vor mir lag, hatte ich kein Problem damit, ihr zu folgen. Hier bei diesem Marathon brauchte ich meine Augen nicht mehr. So lief ich immer mehr in einem blinden Zustand.

Der verstärkte Tunnelblick ließ den Abstand der Gedanken und Bilder, die es in mein Bewusstsein schafften, immer größer werden. Es tauchten Gedanken an einen langen Sandstrand vor einem Sonnenuntergang in meinem Bewusstsein auf und dann wieder nichts. Dann ein Drink in einer urigen Bar und dann wieder nichts. Dann das Lächeln einer Frau und dann wieder nichts. Was das für Gedanken waren, die da in mein Bewusstsein aufstiegen, schienen sie selbst zu bestimmen. Den Einfluss auf meine Gedanken hatte ich verloren.

Für den Philosophen Rowlands ist der Verlust der Steuerung der Gedanken die nächste Stufe der Ich-Auflösung beim Marathon. Rowlands nannte sie die humesche Phase nach dem schottischen Philosophen David Hume[25]. Für Hume, der

144

im 18. Jahrhundert lebte, war das Ich nur in verschiedenen Bewusstseinszuständen anzutreffen, wie Gefühlen oder Affekten, oder anders herum, das Ich war niemals ohne sie anzutreffen. In der humeschen Phase gibt es für Rowlands kein klar erkennbares Bewusstsein mehr und keinen Denker. Anstelle des steuernden Ichs werde das Ich von Gedanken hypnotisiert, die kommen und wieder gehen. Alles, was vom Ich übrig geblieben ist, sei das Tanzen der Gedanken. Der Tänzer aber sei gegangen.

Warum nehmen wir das Ich eigentlich überhaupt so wichtig? Denn es macht nur einen sehr viel geringeren Teil unseres Seelenlebens aus, als uns bewusst ist[54]. Außerdem erledigt das Gehirn etwa 90 Prozent von dem, was wir tun, ohne dass uns etwas davon bewusst ist. Das Bewusstsein ist kontinuierlich damit beschäftigt, die rund 1.000.000.000 Informationen pro Sekunde auf 40 zu reduzieren, die das Ich verarbeiten kann.

Da das Ich den Zeitunterschied zwischen dem eintreffenden Reiz und seiner Verarbeitung im Gehirn nicht bemerkt, muss eine Zeitrückdatierung im Gehirn durchgeführt werden. So tritt das Bewusstsein, wenn wir eine Handlung aus eigenem Antrieb durchführen wollen, erst einige Augenblicke bis wenige Sekunden nach dem Moment ein, in dem das Gehirn bereits mit der Vorbereitung der Handlung begonnen hat.

Das Bewusstsein ist also nicht eine übergeordnete Instanz, die untergeordneten Instanzen Anweisungen erteilt, sondern trifft zuletzt nur eine Auswahl unter den vielen Möglichkeiten, die das Unterbewusste anbietet. So entscheidet das Unterbewusstsein auch, ob und in wen wir uns verlieben[55]. Denn bereits nach einem Sekundenbruchteil steht sein Urteil fest, ob wir jemand als vertrauenswürdig und liebevoll empfinden oder nicht. Danach steuert es ebenfalls maßgeblich die weitere Kommunikation. Während uns fast nur die verbale Kommunikation bewusst ist, bleiben große Teile der Kommunikation nonverbal. Das Unterbewusstsein dagegen vermag jede Mimik der anderen Person zu deuten.

Fest eingefahrene Gewohnheiten mögen zwar suggerieren, dass das Ich und die äußere Welt erhalten bleiben[1]. Schlussendlich bleibt dem Ich jedoch nur ein Vetorecht über unsere Handlungen, während das Unterbewusstsein regelrecht über erweiterte oder feinere Wahrnehmungsantennen zu verfügen scheint[54]. Daher müssen wir erkennen, dass wir über mehr Ressourcen verfügen, als wir glauben, und mehr von der Welt spüren, als wir bemerken.

Der nächste Kilometer wird angesagt, „32". Ich wache wieder auf und sehe, wie alle Läufer um mich herum schnurstracks auf ihre Uhren schauen. Die Piepgeräusche der Knöpfe zur Speicherung ihrer Zwischenzeiten um mich herum sind so zahlreich, dass sie ineinander übergehen. Die Gesichter der Läufer sind gezeichnet von den ersten 32 Kilometern und von der Furcht, hier ihre gewünschte Zielzeit zu verpassen. Ihr Lauf wirkt wie eine Jagd nach der bestmöglichen Zeit. Es scheint ihnen nicht um den Lauf zu gehen, sondern nur um die Zeit, die ihre Uhren anzeigen, wenn sie über die Ziellinie laufen. Und ist es bei mir nicht genau so? Monatelang hatte ich darauf hintrainiert, hier und heute eine bestimmte Zeit zu laufen. Es ging für mich nicht um die Herausforderung allein, einen Marathon rückwärts zu finishen, nein, mein Antrieb war, hier einen neuen Weltrekord aufzustellen und die Zeit von 3:43:39 Stunden zu unterbieten.

146

Der nächste Gedanke bahnte sich seinen Weg. Ein Weltrekord, das ist doch die Folge des unbedingten Strebens, der Beste der Welt in einer Sache zu sein. Und geht dieses Streben nicht auf das Höher-Schneller-Weiter-Denken zurück, dem wir in unserer heutigen Zeit unterliegen? Dieses Denken hatte mich in den vergangenen Wochen und Monaten jedenfalls fest im Griff. Und ist dieses Höher-Schneller-Weiter-Denken nicht die Folge einer Profitgier, die uns der Kapitalismus eingetrichtert hat? Der Kapitalismus hatte sich, ohne dass ich es bewusst merkte, mitten in meinen Gedanken eingenistet. Mir wurde klar, wie egoistisch dieses Denken macht. Denn die Annahme, dass das Glück im Erreichen einer höheren eigenen Stufe liegen soll, führt dazu, dass ich alles unternehme, um sie zu erreichen. In der Folge nehme ich mich selbst zu wichtig und überhöhe mein Ego. Unsere Ellenbogengesellschaft und der gesellschaftliche Konkurrenzkampf um die besten Jobs und Gehälter sind sicherlich auch Ausdruck der Überhöhung des Egos.

Nehmen wir uns alle nicht zu wichtig? Unser egoistisches Denken geben wir bereits an unsere Kleinkinder weiter. Denn im Westen, wo das Ich relativ stark betont wird, entwickeln Kinder die Vorstellung einer Ich-Identität mit drei bis vier Jahren früher als in anderen Kulturen[52]. Dann sind wir nicht mehr eins mit der Welt. Die Ich-Identität ist eine wesentliche Voraussetzung für die Speicherung früher Kindheitserinnerungen, die vor allem in Asien später auftreten als bei uns.

Wenn jeder in erster Linie an sich denkt, übersehen wir dann nicht auch viel? Vielleicht wäre das Leben reicher, wenn ich weniger an mich und mehr an andere denken würde oder wenn wir alle mehr an andere denken würden. Mich haben Menschen immer beeindruckt, die in erster Linie an andere gedacht haben, wie zum Beispiel der tschechische Wunderläufer Emil Zátopek. Der dreifache Olympiasieger von 1952 galt lange als der schnellste Mann der Welt, bevor ihm der Australier Ron Clarke seine Rekorde abnahm. Zátopek, der sich nach dem Einmarsch der Russen in die Tschechoslowakei 1968 dafür entschieden hatte, zeitlebens Toiletten zu putzen anstatt als Botschafter des sowjetischen Sports zu fungieren, wurde von Clarke auf dem Rückweg von einem Wettkampf in Prag besucht[3]. Zátopek steckte Clarke etwas in den Koffer und sagte, dass er es erst zu Hause öffnen dürfe. Es war die Goldmedaille im Marathon von den Spielen 1952. Clarke sagte später über diese Geste größten Mitgefühls, dass Zátopek eine Liebe zum Leben in jeder seiner Bewegungen anzusehen gewesen sei. Aus Mitgefühl handeln anstatt aus Egoismus, wäre das nicht auch ein Weg, den man gehen kann?

„Kilometer 33!" Auf der Gerade zurück in die Frankfurter Innenstadt wurde nun die Anstrengung zum Kampf. In unserer Wohlstandswelt, in der wir uns so weit vom ursprünglichen Überlebenskampf entfernt haben, brauchen wir nicht mehr an unsere körperlichen Grenzen zu gehen. Vielleicht war es genau dieser körperliche Grenzgang mit der verbundenen Härte gegen mich selbst, in der für mich der Reiz des Marathons lag. Raus aus der Gemütlichkeit der heutigen Zeit und rein in die Grenzerfahrung unserer Vorfahren!

Bei früheren Marathons hatte ich die Erfahrung gemacht, dass sich die letzten zehn Kilometer zu einem puren Kampf entwickeln konnten, einem puren Kampf gegen mich selbst. All das Training, das natürlich auch schon sehr anstrengend

148

sein konnte, und die ersten gut 30 Kilometer des Marathons waren nur das Vorspiel. Nun ja, von Spiel konnte nicht mehr die Rede sein. Vielmehr waren die Voraussetzungen geschaffen zum Eintritt in einen Boxring. Und auch hier bei diesem Marathon betrat ich nun diesen Boxring, in dem es galt, mich selbst zu besiegen.

Der Zeitraum dieses Kampfes gegen mich selbst auf dem Schlussabschnitt des Marathons war im Vergleich zum sonstigen Leben so klein, aber auch so erkenntnisreich. Denn der Kampf hatte seine Begleiter. Er führte mich raus aus der Welt der Vernunft und rein in die Sphären der Intuition, zog mich weg von der seichten Oberflächlichkeit und runter in die Tiefe und durchbrach festgefahrene Vorstellungen sowie Stück für Stück die Schleier, die sonst mein Echtes umgeben. Die Gedanken, die nun an die Oberfläche kamen, wurden immer härter. Sie waren Zeugen des zunehmenden Kampfes. Da war der Gedanke an eine lebensfeindliche Wüste, Isolationshaft und geladene Gewehre und Raketen. Was waren das für seltsame Gedanken! Was ging da in mir vor? Darauf hatte ich längst keinen Einfluss mehr.

Nachdem ich zu Beginn des Marathons aus Freude gelaufen war und dann mit Konzentration, war ich nun im Kampf angekommen. Wie sehr sich meine Wahrnehmung allein bei diesem Marathon doch schon geändert hatte! Ich wusste, dass die Leichtigkeit der ersten Kilometer hier nicht mehr zurückkommen würde. Erst in dem erneuten Erleben der Härte eines Marathons kamen die längst vergessenen Erinnerungen daran in mein Bewusstsein zurück. Daher wusste ich, dass die jetzigen Momente bald auch wieder vergessen sein würden. Zudem ahnte ich, dass mir von diesem Lauf neben Fotos nur die Erinnerung bleiben würde, und dass diese immer mehr verblassen wird. Heute, etwa sieben Jahre später, kommt mir dieses Erlebnis eher wie ein Traum vor als tatsächlich erlebt. Die Laufschuhe, die ich an dem Tag trug, habe ich längst entsorgt, ebenso das Shirt, in dem ich lief. Und mein Körper ist nicht mehr so austrainiert und dürr wie damals. An Muskelmasse habe ich verloren und dennoch bestimmt acht Kilogramm zugelegt. Heute muss ich mehr trainieren, um die alte Form zu erreichen.

Schleichend aber sichtbar hat die Zeit Spuren an meinem Körper hinterlassen. Oft fällt es mir immer noch schwer zu akzeptieren, dass ich mal 80 oder 90 Jahre alt werden könnte. Genauso schwer kann ich begreifen, dass Menschen im Altersheim früher als Kinder wild durch die Gegend sprangen. Ich weiß, so vergänglich dieser Marathon hier war, so vergänglich ist auch mein Körper. Was waren das jetzt wieder für Gedanken? Sie zeugten ebenfalls von dem inneren Kampf gegen mich selbst. Und der Kampf ging in die nächste Runde.

Ist nicht alles irgendwie vergänglich? Einstellungen, Liebesbeziehungen, Religionen und auch politische und wirtschaftliche Systeme? In Ostdeutschland wechselte das politische System in den letzten 100 Jahren allein vier Mal. Und ich bin mir sicher, das gegenwärtige Wirtschaftssystem, der Kapitalismus, vergeht auch irgendwann. Vielleicht überlebe ich ihn ja noch, aber höchstwahrscheinlich überlebt er mich. Sicher ist nur die Vergänglichkeit von meinem Leben und allen Menschen, die ich kenne. Normalerweise würde ich mich jetzt mit irgendetwas ablenken, einem Fußballspiel zum Beispiel. Aber hier war ich dem Bewusstwerden über die Vergänglichkeit der Dinge schutzlos ausgeliefert. Die Griechen sprachen vor 3.500 Jahren von einer objektiven

Unsterblichkeit, wenn sich eine Person in einem Werk verewigte[25]. Heute dient sicherlich der Glaube als Versprechen für ein Leben nach dem Tod und die erneute Begegnung mit den längst verstorbenen Liebsten.

„Kilometer 34! Du wirst langsamer!" Komm, weiter, immer weiter! Die alten Griechen, Ägypter oder Römer, wir sprechen heute von Hochkulturen, aber waren sie wirklich so hoch entwickelt? Sie hatten ja gar keine Elektrizität, keine Autos und Flugzeuge, kein Internet, weniger Kenntnisse in so vielen Bereichen, wie etwa Wissenschaften oder der Medizin. Der heutige Fortschritt ist die Folge unzähliger Sternstunden schlauer Köpfe. Daher sind wir doch in allem so viel weiter als die Menschen, die vor 2.000 oder 3.000 Jahren lebten. Falls auch nur ein Mensch aus dieser Zeit in unsere Zeit transportiert werden könnte, wir würden so lange brauchen, bis wir ihm unser hoch entwickeltes Leben erklärt hätten. Wenn eine Kultur hoch entwickelt ist, dann doch wohl unsere!

Wie Gedanken, die in mir hochkamen und wieder verschwanden, trat auch diese Sichtweise oder feste Vorstellung in den Hintergrund. Andere Gedanken traten an ihre Stelle und fingen an zu jonglieren. Aber wie kommt es, dass ich mir heute weniger Telefonnummern merken kann als zu Grundschulzeiten? Und warum google ich ständig nach Informationen, die ich mir auch behalten könnte?

Der rasante Fortschritt der Technik allein in den letzten Jahren führte dazu, dass die Notwendigkeit, mir Dinge merken zu müssen, wegfiel und meine Fähigkeit dafür abnahm. Ebenso wissen viele Kinder heute nicht mehr, wo Milch eigentlich herkommt. Und wie viele Deutsche wissen nicht mehr, wie man Sauerkraut selbst herstellt? Die Technik hat unser Leben so stark vereinfacht, dass wir uns nicht mehr bewegen und nicht mehr nachdenken müssen. Für mich haben wir uns daher ein Stück weit von dem entfernt, was das Leben grundsätzlich ausmacht. Und ich kann ja nur die letzten drei Jahrzehnte bezeugen. Haben wir über die letzten Jahrhunderte und Jahrtausende nicht vielleicht unzählige Fähigkeiten wieder verloren? Ich verstehe, dass mit dem sichtbaren Fortschritt unzählige unsichtbare Rückschritte einhergehen und wir uns rückwärts durch die Zeit bewegen.

Warum bin ich erst hier auf dem Schlussabschnitt des Marathons so nah dran, das Echte zu spüren? Weil das sonstige Leben in unserer Zeit so wenig Platz dafür bietet. Der Gedanke verschwindet wieder, aber er verschwindet doch nicht so ganz. Seine Wirkung bleibt zurück.

Ich merkte überhaupt nicht mehr, dass ich rückwärts laufe. So ging es mir im Training auch manchmal. Das Rückwärtslaufen fühlte sich so normal an, dass mich erst Blicke von Zuschauern oder anderen Läufern daran erinnerten. Hier aber achtete ich nicht mehr auf die Blicke der Menschen um mich herum. Da wurde mir klar, dass das Gehen des eigenen Weges, auch wenn er Brüche mit Gewohnheiten und sozialen Normen beinhaltet, nur am Anfang Energie kostet. Während der Gedanke wieder verschwindet, bleibt auch diese Erkenntnis haften. Gedanken, die aus dem Nichts kamen, wurden zu Erkenntnissen, die bleiben.

Ich wusste, dass meine Energiereserven sich dem Ende zuneigten, und stellte vollkommen auf Autopilot. So hart das Rennen jetzt war, so hart waren auch die Gedanken, die in mir hochkamen. Es waren Gedanken an schrecklichen Durst, eine Hungersnot, sterbende Menschen und den Tod. Normalerweise habe ich solche Gedanken nicht, aber nun machten sie mit aller Macht auf sich aufmerksam. Auch dies war die Folge des tobenden Kampfes gegen mich selbst, und ich ahnte, lange würde ich mich weder im Boxring noch auf der Strecke mehr auf den Beinen halten können. Die Frage war nur, wer zuerst besiegt ist, das Ich im Boxring oder der erschöpfte Körper.

Nach 35 Kilometern rief mir ein Begleitläufer die Zeit von 3:03:06 Stunden zu. Auf den letzten fünf Kilometern war die Geschwindigkeit auf 5:23 Minuten pro Kilometer abgefallen. Nun lief ich also langsamer als ich durfte. Mein Puffer war auf 2:23 Minuten geschmolzen. Aber von diesem Zuruf bekam ich schon fast nichts mehr mit.

Kapitel 10

Die Ich-Auflösung

Nun dachte ich in den meisten Momenten an gar nichts mehr. Der Tunnelblick wurde so schmal, dass schließlich keine Gedanken mehr in mein Bewusstsein aufstiegen. Rückwirkend ist schwer zu sagen, was ich in diesen Momenten überhaupt noch wahrnahm. Ein Rauschen von Geräuschen und ein dumpfes Licht vielleicht. Ich hatte mich immer gefragt, wohin mich dieses Experiment mit dem Rückwärtslaufen führen würde. Und nun hatte ich eine Antwort. Nach 36 Kilometern hatte mich der andauernde Rückblick zusammen mit einem absoluten Erschöpfungszustand in die Trance und Gedankenlosigkeit geführt.

Im Alltag entscheide ich normalerweise mit dem präfrontalen Kortex, soweit es mir möglich ist, ganz bewusst, was ich denke. In meinem Bewusstsein ist dann die Aufgabe, über die ich nachdenke. Beim entspannten Laufen kommen mir über die Leerlaufnetzwerke Gedanken ins Bewusstsein, ohne dass ich darüber nachdenke. Und nun hob mich das Rückwärtslaufen nach drei Stunden auf eine dritte Stufe, die mir im Leben sonst verwehrt bleibt. Ich war ganz ohne Gedanken.

Ein chinesisches Sprichwort besagt, dass Gedanken zu Worten, Handlungen, Gewohnheiten, Charakter und schließlich zu Schicksal werden. Die eigene Gedankenstruktur liegt allem anderen zu Grunde. Oft fiel es mir im Leben schwer, Gewohnheiten zu ändern, weil die dahinter liegende Gedankenstruktur noch dieselbe war. Hier bei Kilometer 36 war es mir gelungen, mich von meiner eigenen Gedankenstruktur zu lösen. Dies war für mich nur im absoluten Kampfmodus möglich. Andere mögen vielleicht auch mit friedlicheren Mitteln dorthin gelangen, wie tief versunkene buddhistische Mönche während einer Meditation. Ich brauchte diesen Boxring auf dem Schlussabschnitt des Marathons, in dem ich mich schließlich ins K.o. bugsierte. Das Ich im Boxring hatte verloren. Der Körper war zwar im knallroten Bereich, aber er lief noch. So lief ich nun ganz ohne Gedanken und völlig erschöpft, aber irgendwie auch befreit in die Frankfurter Innenstadt zurück.

Der Philosoph Rowlands beschreibt die Gedankenlosigkeit beim Marathon als weitere Stufe der Ich-Auflösung[25]. Er bezeichnet sie als sartresche Phase nach dem Philosophen Jean-Paul Sartre, in der das Ich weiter schrumpft zu nichts. Sartre war der Auffassung, dass es kein Bewusstsein mit Inhalt geben könne. Da Bewusstseinszustände wie Gefühle oder Sinneswahrnehmungen immer auf einen Gegenstand bezogen seien, also Vorstellung von etwas seien, ist für Satre von etwas der Gegenstand des Bewusstseins. Ein Gegenstand gelange jedoch nur ins Bewusstsein, wenn er für mich von Bedeutung ist, und könne erst auf etwas bezogen sein, wenn ich ihn interpretiere. Ohne Interpretation sei er auf gar nichts bezogen. Daher sei das Bewusstsein von sich aus leer oder auch nichts.

Ergebnisse aus der Hirnforschung lassen ebenfalls darauf schließen, dass es im Gehirn keine Region gibt, dem eine Ich-Identität zugeordnet werden kann[56]. Da das Gehirn die Informationen der Sinnesrezeptoren nicht direkt abbilde, sondern nur deren Nervenimpulse bekomme, müsse es aus diesen die Außenwelt konstruieren sowie eine Ich-Identität.

Eine neue Theorie zur neurowissenschaftlichen Erklärung des Bewusstseins hält das Gehirn für ein großes Zusammenwirken von Nervenzellen, die nur das Ergebnis erzeugen, in einer Welt und in einer Zeit zu sein[57]. Demnach erzeuge das Gehirn fortwährend ein mentales Abbild der Wirklichkeit, also nur eine Simulation der Welt, sowie ein inneres Bild von uns selbst, ein Selbstmodell. Das Zentrum dieser Weltsimulation sei ein Ich, das sich von der Welt abgrenzt und sich als Fühlender, Denkender und Handelnder wahrnimmt. Dass wir uns unsere inneren Wahrnehmungen nur vorstellen, zeige sich in Phantomgliedern, Grenzsituationen, Experimenten mit virtueller Realität oder Meditationen. Daher sei das Ich nur ein Trick des Gehirns, der darin besteht, etwas zu erschaffen, das ein Gefühl der Einheit und Einmaligkeit hervorruft. Diese Theorie geht sogar davon aus, dass unser bewusstes Wirklichkeitsmodell nur eine niedrigdimensionierte Projektion der unvorstellbar reicheren und gehaltvolleren physikalischen Wirklichkeit sei, die uns umgibt.

Auch fernöstliche Lehren setzen sich intensiv mit der Frage auseinander, was das Ich ist. Im Buddhismus wird das Ego seit 2.500 Jahren als täuschendes und illusorisches Hindernis auf dem Weg zur Selbstverwirklichung angesehen[58]. Demnach sei das Ich nur ein Konstrukt, um sich in der Welt als individuelle Persönlichkeit zu sehen. Dieses Selbstbild diene einer vollständigen Identifikation mit dem Körper, Gefühlen, Emotionen, Beruf, materiellem Besitz und Herkunft, aber führe zu einer Trennung des Geistes oder der wahren Natur. Um seine wahre Natur entdecken zu können, sei es notwendig, das Ego herunterzuschrauben und festgefahrene Persönlichkeitsstrukturen, Gewohnheiten und Vorstellungen aufzulösen.

Die Erkenntnis, dass alles vergänglich ist und es weder im Körper noch in Gefühlen oder Gedanken ein dauerhaftes Ich gibt, wirke dann nicht mehr beängstigend, sondern befreiend. Denn sie ermögliche die Erkenntnis des hinter allem liegenden Geistes, die pure Freude bedeutet. Der Grund, ihn nicht zu erkennen, liege in der Unfähigkeit, sich selbst zu erkennen. Das Wesen dieses Geistes sei leer oder leer von etwas und erinnert an Sartres Definition von Bewusstsein. Gedanken kommen und gehen, Körper sterben, aber der Geist bleibe jenseits von Tod und Vergänglichkeit und sei der Raum, der alles miteinander verbindet. Daher gelten Buddhas Belehrungen als Schlüssel zu dauerhaftem Glück, das Menschen im Außen nicht finden können.

Ab Kilometer 37 wurde die Strecke wieder ziemlich kurvenreich. Außerdem befanden sich immer noch viele Läufer um uns herum, die auch mit den Kräften am Ende waren und die es für mich nun zu umlaufen galt. Aus diesen beiden Gründen musste ich wieder verstärkt auf die Hinweise der Begleitläufer achten und hoch konzentriert laufen. Ich wachte aus meiner tiefsten Versunkenheit auf. Sofort machten sich stechende Schmerzen in meinen Waden und Füßen bemerkbar. Bei jedem Auftritt zogen die Schmerzen durch meinen ganzen Körper, verzerrten mein Gesicht und führten zu einem schmerzhaften Stöhnen. Da der Schmerz vom Auftritt des Fußes nicht bis zum nächsten wieder verging, lief ich nun permanent unter Schmerzen. „Pass auf, Läufer hinter dir!" Mit letzter Kraft gelang es mir, ihn zu umlaufen. Sein Gesichtsausdruck war gezeichnet von Schmerzen und der unbedingten Entschlossenheit, hier ins Ziel zu kommen. Es ging nicht nur mir so. Zumindest also etwas Tröstliches hat der Blick in die anderen Gesichter am Ende eines Marathons, der nur Rückwärtsläufern vergönnt ist.

Ich wusste, dass sich in diesen harten Momenten entscheiden würde, ob ich das große Ziel erreichen werde oder nicht. Ebenso wusste ich, dass ich den Weg zu Ende gehen muss. Die kommenden Minuten würden zwar nur einen Bruchteil der kompletten Arbeit ausmachen, die ich heute und in den vergangenen Monaten geleistet hatte. Und doch, gerade von ihnen würde es abhängen, ob ich das ganze Projekt erfolgreich zu Ende bringe oder nicht. Es ist wie mit allen Langzeitprojekten. Bringe ich es zu Ende, entstehen Glücksmomente. Bringe ich es jedoch nicht zu Ende, bleiben Zweifel zu meinem Training, meiner Einstellung, meinem Wesen und meinem Schicksal zurück. Die Glücksmomente eines abgeschlossenen Langzeitprojekts sind zwar kurzweilig gegenüber den Zweifeln im Falle eines Scheiterns, die sich Wochen, Monate und Jahre danach noch ins Bewusstsein bohren können. Dennoch, das Glück verfliegt nicht ganz, es wandelt sich in Frieden um und lässt uns reifen, bevor stechend die Schmerzen diesen Gedanken durchbohrten. Sie wurden immer mächtiger.

Auch die Begleitläufer hatte dieser Marathon gefordert. Natürlich konnten sie alle schneller laufen, aber die permanente und mittlerweile über drei Stunden lange Rücksichtnahme auf mich hatte auch sie richtig mitgenommen. Erneut und wieder im richtigen zeitlichen Abstand vor der nächsten Kurve streckte einer von ihnen einen Arm nach links aus.

Da ich nun die psychischen und körperlichen Grenzen erreicht hatte, dachte ich nur noch von Kilometer zu Kilometer. Weiter, immer weiter! Nun führte mein Körper einen unerbittlichen Kampf. Seine Bewegung war kein Laufen mehr, sondern eher ein Schleppen.

Wenn ich beim Vorwärtslaufen einen solchen Erschöpfungszustand erreiche, schaue ich nach vorne und setze mir kleine Ziele. Komm, noch bis zur nächsten Kurve in 200 Metern! Und ich suche dann in weiter Entfernung schemenhaft nach dem nächsten Kilometerschild. Aber weil dies beim Rückwärtslaufen nicht möglich ist, kam mir jeder Kilometer nun endlos lang vor. Wann ist dieser Lauf hier endlich vorbei? In meiner Hilflosigkeit, mich nicht von Zwischenziel zu Zwischenziel hangeln zu können, wurde ich richtig wütend. Aber auch die Wut konnte nur kurz über die Härte des Rennens hinwegtäuschen. Sie verlangte nun alles von mir ab.

Nach 38 Kilometern war ich fix und fertig. Jetzt hatte ich die Schnauze voll von irgendwelchen Erkenntnissen oder dem Reiz des Marathons als Grenzerfahrung. Nach den abwechselnden Gefühls- und Gedankenstadien bei diesem Lauf brach ich nun alles auf das absolut Wesentliche herunter. Ich wollte einfach nur irgendwie ins Ziel. Und nun kamen auch noch Kopfschmerzen hinzu. Denn mein Kopf signalisierte mir eindeutig, dass es ihm mit dem Blick zurück nun reichte. Ich redete mir ein, dass ich es gleich geschafft hätte, dass gleich die Festhalle da wäre und sich mein Kopf endlich ausruhen dürfte. Aber selbst die Ansage des nächsten

160

Kilometerschildes kam und kam einfach nicht. Dies sind Situationen, die man nicht trainieren kann, zumal ich im Training gar nicht über 36 Kilometer hinaus gelaufen war. In dieser Situation tat ich einfach das, was die meisten anderen Marathonläufer wohl auch tun. Ich biss auf die Zähne, könnte man wohl sagen, oder Augen zu und durch!

Aber ich denke, dass da noch mehr war. Was hält einen am Laufen, wenn die körperlichen Kräfte am Ende sind und Füße, Beine und Kopf schmerzen? Der pure Wille! Er hatte sich in den zahlreichen Wochen, in denen ich meinen Trainingsplan kompromisslos abspulte, ganz eng mit der Erreichung meines Zieles verknüpft und wurde zu meinem ständigen Begleiter. Wenn die Freude am Laufen und das Durchhaltevermögen verschwanden, machte sich der Wille bemerkbar und übernahm die Kontrolle über mich. Besonders auf den langen Trainingsläufen konnte er richtig streng mit mir werden. Auch abseits des Laufens verlor der Wille nicht an Macht. Wenn mich zu Hause noch die schweren Beine von der Einheit des Vortages plagten, war es der Wille, der mich in die Laufschuhe zwang und die Wohnungstür hinter mir zuschlug. Und auch hier hatte er mich nicht verlassen. Im Gegenteil, er schien stärker als je zuvor und peitschte mich gegen alle Widerstände voran.

Dann war da noch etwas. Ich hatte mir in den vergangenen Wochen sehr oft bildlich vorgestellt, erfolgreich über die Ziellinie in Frankfurt zu laufen. Ich wiederholte diese Vorstellung so oft, dass sie vor meinem inneren Auge wie ein reales Bild voller Farbenpracht und Emotionalität Form annahm. Diese Vorstellung wurde fast schon zur Gewissheit, dass es genau so kommen muss. Ich stellte mir einen sonnigen Herbsttag vor und es wurde ein sonniger Herbsttag.

Und ich wusste, dass ich die Vorstellung des Zieleinlaufs nur tatsächlich erleben würde, wenn ich weiter laufe. Bei Kilometer 38 waren es der pure Wille und die selbsterfüllende Prophezeiung, die mich noch am Laufen hielten.

„Kilometer 39!" Diese Ansage löste nichts mehr aus. Denn ich war kraftlos, leer und völlig alle. Schmerzen waren überall. Schweiß rann mir von der Stirn in die Augen. Ich war zu schwach, ihn wegzuwischen. Bloß nicht stürzen! Bleib konzentriert! Wenn ich jetzt falle, komme ich nicht mehr auf die Beine. Und die Zeit? Darüber dachte ich nicht mehr nach. Alles erstarrte vor dem Berg an Schmerzen, der mit jedem der zurückliegenden Kilometer größer geworden war. So stark der Wille auch zu sein schien, gegen eine Übermacht an Schmerzen konnte selbst er nichts mehr ausrichten. Zuerst setzte sich der Wille mit all seiner Sturheit noch zur Wehr, aber schließlich rangen ihn die Schmerzen mit ihrer ganzen Kraft einfach nieder.

Mein Wille war doch zu schwach gewesen oder die Schmerzen ein für ihn zu ungewohnter Gegner. Denn wann musste ich in meinem Leben schon richtige Schmerzen aushalten? Davon habe ich keine Ahnung. Kriegs- und Hungergenerationen wissen, was Schmerzen sind. Ihrem unbändigen Willen und ihrer Hoffnung haben wir unser seichtes Leben mit zu verdanken. Dass in meinem Leben auch der Wille seicht ist, wenn es drauf ankommt, spürte ich nun in aller Klarheit. Dann brach er vollends ein. Nun wurde ich noch langsamer. Ich strauchelte. Trifft mich nun ein Pfeil des Marathons und zwingt mich zur Aufgabe?

Nein, denn dann machte sich die selbsterfüllende Prophezeiung bemerkbar. Lauf, lauf für dieses Bild! Während der Wille in sich zusammen brach, schwang sich dieses Bild auf.

Wie sehr ich die Stärke dieser Vorstellung unterschätzt hatte! Wenn ich dieses Bild im Vorfeld nicht ausgemalt hätte oder die Vernunft hätte walten lassen, die mir womöglich gesagt hätte, dass die Wahrscheinlichkeit hoch ist, am Ende dieses Marathons einzugehen, dann wäre ich auch eingegangen. Es ist so simpel. Es tritt das ein, was wir erwarten. Wieder zeigte sich, wie wichtig die Einstellung ist und es sich lohnt, optimistisch zu sein und positiv zu denken. Wenn ich negativ gedacht hätte, hätte ich Negatives bewirkt.

Als mein letzter Trumpf entschied nun die selbsterfüllende Prophezeiung allein über den Ausgang des Rennens. So taumelte ich wie eine schlappe Marionette, ohne Kraft und Willen, nur noch geführt von dieser Prophezeiung an einer dünnen Schnur der 40-Kilometer-Marke entgegen.

Kapitel 11

Zwei Kilometer Gewissheit

„Da ist Kilometer 40! Drei Stunden, 30 Minuten und 30 Sekunden!" Der Puffer war zwar auf 1:29 Minuten geschmolzen. Aber als ich kurz überschlug, dass ich noch 13 Minuten für die gut zwei Kilometer hatte, erkannte ich plötzlich, dass ich es schaffen werde. Ich wachte aus meinem Tunnelblick auf. Leben durchströmte mich wie ein Schluck Wasser einen Verdurstenden. Auf einmal hörte ich die Musik um uns herum und sah die Freude in den Gesichtern der anderen Läufer wieder. Und es war nicht der abgelegte Tunnelblick allein.

Ich merkte zudem, dass ich aus dem langen Tunnel des Mittelstücks herausgelaufen war. Oder besser gesagt, er hatte mich wieder ausgespuckt. Er hatte mich gefordert, durchgeschüttelt, übel zugerichtet und zum Wanken gebracht, aber nicht zum Stürzen. Der doppelte Tunnelausbruch weitete meinen Blick und ließ große Glücksgefühle zu. Auf einmal genoss ich das Rennen wieder in vollen Zügen. Unzählige Bilder schossen mir ins Bewusstsein. Die Gewissheit, hier gleich das große Ziel zu erreichen, löste pure Freude aus.

Wie am Anfang des Rennens lief ich nun völlig euphorisch durch die Frankfurter Innenstadt, aber auch wohl wissend, was in der Zwischenzeit in mir vorgegangen war.

Leichtigkeit mischte sich in die Euphorie und ließ mich fast schweben. Sie war auch meinem Team anzumerken und ebenso den Läufern um uns herum. Es herrschte fast schon Partystimmung! Ich versuchte, die Besonderheit dieses Ereignisses festzuhalten und irgendwie zu konservieren. So atmete ich die Luft tief ein, in der nun ein Knistern lag, und sog die Atmosphäre in mich auf. Während vor wenigen Minuten sich das Rennen noch wie in Zeitlupe anfühlte, verging es jetzt fast schon zu schnell.

„41!" An der Strecke standen Zuschauer in mehreren Reihen und feuerten die Läufer an. Die Stimmung war richtig ausgelassen. Auf einmal erkannte ich meine Eltern, Bruder und Schwestern. Sie schienen noch überraschter zu sein, mich zu sehen als umgekehrt. Nun liebte ich das Rennen wieder und genoss jeden Meter. Um das Rennen noch ein bisschen in die Länge zu ziehen und, auch wenn es sich wirklich merkwürdig anhört, einen erneuten Weltrekord auf dieser Strecke einfacher zu machen, nahm ich noch weiter das Tempo heraus und genoss einfach. Genoss die Atmosphäre, das Ereignis, das Beisammensein und die Besonderheit dieser Momente. Die Anfeuerungen an der Strecke wurden immer lauter. Wir näherten uns dem Zieleinlauf in der Frankfurter Festhalle.

Erst jetzt wurde mir das ganze Ausmaß bewusst, gleich hier tatsächlich das große Ziel zu erreichen. In so vielen Trainingsläufen musste ich schon an meine Grenzen gehen, um überhaupt nur eine Chance hierfür zu erhalten. Und ich wusste, dass der Marathon seine eigenen Gesetze hat, und der

Marathon rückwärts erst recht. Nach den hunderten Trainingskilometern und den ersten 40 Kilometern heute waren es nur die letzten zwei Kilometer des Marathons, in denen ich mit Gewissheit lief, mein großes Ziel zu erreichen. Die Glücksgefühle überschlugen sich. Ich ließ sie einfach alle zu. Tränen schossen mir in die Augen. Aber ich sah noch, wie die Radbegleitung, Eric, heraus gewunken wurde. Ich bedankte mich schnell bei ihm für seine fantastische Unterstützung.

War ich gerade noch in meinem schmalen Tunnelblick gefangen gewesen, wollte ich nun die ganze Welt umarmen und fühlte mich mit allem verbunden. Besonders mit den Läufern neben uns, die ebenso angestrengt wie erfüllt in Vorfreude auf die Festhalle liefen, spürte ich eine tiefe Verbundenheit. Denn auch sie hatte der Tunnel des Mittelstücks hart rangenommen und wieder ziehen lassen. Wir alle waren Leidensgenossen, ach, was denke ich, vereint im Glück, hier gleich das Ziel zu erreichen! Und zu den drei Begleitläufern Christoph, Stefan und Gregor spürte ich natürlich auch eine große Verbundenheit, als ich ihnen zurief: „Lauft ihr in der Halle auch rückwärts?" Sie willigten ein. Dann verließ die Strecke die Hauptstraße und bog nach rechts, ach was meine ich, links auf das Messegelände ab.

Wir passierten Kilometer 42 und liefen auf Kopfsteinpflaster Richtung Festhalle. Bevor ich sie sah, hörte ich sie zuerst. So laut war es darin. Von dem Einlauf in die Festhalle hatte ich schon viel gehört, aber dann machte ich wieder die Erfahrung, dass es einen riesengroßen Unterschied macht, mal von etwas gehört zu haben oder die Erfahrung selbst zu machen. Die letzten Strahlen der Sonne, die heute den Tag für viele Marathonis in ein Märchen verwandelt hatte, verabschiedeten uns, während wir durch ihr dunkles Eingangstor in die Festhalle einliefen. Auf der anderen Seite begrüßte uns ein roter Teppich, in den sich die Strecke verwandelt hatte, und links und rechts davon auf den Rängen der hohen Tribüne eine völlig ausgelassene Stimmung, laute Musik und eine Lasershow.

Bevor mich der Moderator in der Festhalle sah, sagte er: „Jetzt müsste der Rückwärtsläufer aber mal kommen, sonst wird es knapp!" Dann drehten sich Christoph, Stefan und Gregor um und liefen mit mir zusammen rückwärts über den roten Teppich Richtung Ziel. „Da ist er ja! Und jetzt, liebes Publikum, begrüßt ihn mit einem großen Applaus!" Und dann wurde es so richtig laut in der Halle. Glücksgefühle überall. Explosion von Endorphinen. Momente, die man nie vergisst. Momente, für die man lebt. Die ersten 42 Kilometer waren vergessen. Ich lebte nur in diesen Momenten. Sie waren nur ein paar Sekunden lang, aber reichten für ein ganzes Leben. Ich hob meine Arme und lief überwältigt über die Ziellinie. Drei Stunden, 42 Minuten, 41 Sekunden. Ich hatte den alten Weltrekord um 58 Sekunden unterboten.

Das Bild, das ich mir in den vergangenen Wochen von diesem Moment ausgemalt hatte, sah ganz anders aus als die Umgebung um mich herum. Aber die Emotionalität dieser Vorstellung kam ziemlich nah an die Emotionen heran, die mich hier nun durchfluteten. Ich hatte nicht das Gefühl, diesen Moment schon einmal erlebt zu haben oder ein Déjavu zu haben, so real war die Vorstellung nicht geworden. Aber das Gefühl, hier mit einem großartigen das Mark erschütternden Glücksmoment belohnt zu werden, davon hatte die Vorstellung mich ahnen lassen.

Ich hörte auf zu laufen und blieb stehen. In der Halle hatte sich nichts verändert, die Laserstrahlen rasten im Takt zur Musik durch den Raum, die Zuschauer klatschten, aber ich war plötzlich ganz gefasst. Der Moderator kam zu mir und stellte mir ein paar Fragen. Ich wollte spaßeshalber antworten: „Ach, wo ich jetzt die anderen Läufer sehe, kann man hier auch vorwärts laufen?" Aber ich antwortete irgendwie nüchtern. Nüchtern nach außen, aber glücklich nach innen.

Dann drehte ich mich um und versuchte, vorwärts ein paar Schritte zu gehen. Doch ich war ziemlich wackelig auf den Beinen, während ich mich ausdrücklich bei den Begleitläufern bedankte. Wir gingen nach draußen und setzten uns wie Hunderte andere Finisher auf den Boden in die Sonne. Wow, was war das hier? Ich war völlig durcheinander und brauchte etwas Ruhe. Aber die sollte ich noch viele Stunden nicht bekommen. Als wir die Finisherzone verließen, kamen meine Eltern und Geschwister auf mich zugerannt. Sie laufen auch gerne. Zu diesem Zeitpunkt nur vorwärts. Mittlerweile waren fast alle als Teilnehmer bei einer Weltmeisterschaft im Rückwärtslaufen selbst am Start. Mein Bruder war sogar Mitorganisator der Weltmeisterschaft 2016 in Essen.

Als wir ins Athletenhotel eintreten wollten, rief mir jemand hinterher: „Du bist also der Vogel! Von Dir hab ich gehört. Darf ich ein Foto mit Dir haben?" Dieter Baumann stand vor mir. Diesen Wunsch konnte ich ihm natürlich unmöglich abschlagen. Was für eine Ehre! Einer seiner Schützlinge aus der Tübinger Laufschmiede, die auch Arne Gabius hervorbrachte, war mittlerweile Trainer in meinem Münsteraner Laufverein und hatte ihm von meinem Vorhaben erzählt.

Im Athletenhotel lernte ich den Inder Fauja Singh kennen, den mit 99 Jahren ältesten Marathonläufer der Welt. Ein Jahr später sollte er der erste Hundertjährige werden, der einen Marathon absolviert. Es wurde noch ein langer Nachmittag im Athletenhotel in Frankfurt, bevor wir abends mit dem Auto wieder zurück nach Essen fuhren und nachts mit einem Bier auf den Weltrekord anstießen.

Eine tolle Begegnung mit einem Olympiasieger. Schon verrückt, dass uns erst das Rückwärtslaufen mit Dieter Baumann zusammenführte. V. l. n. r.: Mein Bruder Bodo, Radbegleiter Eric, Begleitläufer Christoph, ich, der „Weiße Kenianer" (seine letzte Runde über 5.000 Meter bei den Spielen 1992 in Barcelona ist für die Ewigkeit) und Begleitläufer Gregor. Foto: Bodo Aretz

Kapitel 12

Entschleunigung und Freude von innen

Im November

Draußen ist es kalt. Meine Güte, sind die Wolken schwarz, oder wird es schon wieder dunkel? Ich laufe los - vorwärts. Nun kann ich also wieder in Laufrichtung gucken. Der Himmel, die Straße, die Häuser - vor mir ist alles grau. Die Schritte sind schwer, die Oberschenkel schmerzen. Wie kann mir eine halbe Stunde so lang vorkommen, wenn ich vor wenigen Wochen noch das Doppelte, Vier- und Sechsfache der Zeit rückwärts gelaufen bin? Ich werde von einem laufenden älteren Ehepaar überholt. Ihr gemeinsames Lachen kann mich nicht anstecken. Ich lasse sie ziehen und sie verschwinden. Meine Laufstrecke habe ich verlassen, ich irre herum. Ohne zu wissen, wo ich bin, erreiche ich eine Wiese. Ich laufe zu einem kahlen Baum. Ringsherum verstreut liegt sein goldenes Laub. Ich versinke in Erinnerungen, denke an den strahlend blauen Himmel in Frankfurt, an das atemberaubende Panorama am Tegernsee, an die kurzweiligen Trainingsbekanntschaften mit interessierten

Passanten. Ich komme ins Straucheln und falle, ohne es zu merken, ins Laubbett. Auch die zunehmende Lautstärke nehme ich nicht wahr. Plötzlich erwache ich und sehe mich auf der Ladefläche eines Traktors liegen, der das Laub auflädt. Hastig ziehe ich mich an den kalten Ästen des Baumes nach oben, während der Traktor mit dem Laub davon fährt. Ich stehe vor dem Baum und sehe, dass alle anderen Bäume auch kahl in der Gegend rumstehen. Es fängt an zu regnen. Ich will wieder rückwärts laufen.

Diese Zeilen schrieb ich ein paar Wochen nach dem Frankfurt-Marathon mit Beginn der dunklen Jahreszeit. Nachdem wochenlang ein großes Ziel in meinem Leben mit dem Frankfurt-Marathon so klar definiert gewesen war, wusste ich im darauffolgenden Winter nicht, wie und wo es privat und beruflich für mich weitergehen würde. In den Wochen nach dem Marathon schlugen die Entbehrungen der intensiven Trainingswochen in Sehnsüchte um. Ich feierte viel und aß all das, worauf ich vorher hatte verzichten müssen. Mein Körper verlangte nach einer Pause und ich gewährte sie ihm. Rückwärts lief ich im anschließenden Winter gar nicht, und manche Vorwärtsläufe brach ich nach nur 15 Minuten aus Motivationslosigkeit wieder ab. Heute denke ich, dass ich im Winter nach dem Frankfurt-Marathon in ein kleines Loch gefallen war.

Mit dem Eintritt in einen anspruchsvollen Job im darauffolgenden Frühling trat das leistungsbezogene Rückwärtslaufen für mich in den Hintergrund. Dennoch dachte ich in den folgenden Monaten und Jahren immer wieder an diesen Frankfurt-Marathon zurück. Ich dachte daran, wie knapp es am Ende war. 58 Sekunden netto auf 42,195 Kilometern. Brutto waren es nur 47 Sekunden. Wenn ich nur einmal mehr einen Schuh hätte neu schnüren müssen oder das Wetter nicht so perfekt gewesen wäre, viele Kleinigkeiten hätten den Weltrekord bei diesem Rennen verhindern können.

Daher dachte ich daran, dass ich mich irgendwie geführt gefühlt habe, mein Schicksal in die eigenen Hände zu nehmen, und welche Kräfte freigesetzt werden, wenn man das eigene schöpferische Potenzial in sich erkennt. Und ich konnte spüren, was Zátopek meinte, als er sagte, durch einen Marathon lerne man ein neues Leben kennen. Dieser Marathon hatte Schranken in meinem Denken heruntergeklappt und meinen Horizont erweitert. Die Gedanken und Erkenntnisse während dieses Laufs und danach hatten mich verändert. Ich hatte verstanden, dass es einen allgemein gültigen Weg zum Glück gibt, aber dass jeder trotzdem seinen ganz eigenen Weg dorthin finden darf und muss. Neben den Antworten hatte er auch Fragen aufgeworfen. Jeder Mensch hat andere Talente, Prioritäten, Einstellungen, Erfahrungen und Begrenzungen, die das Handeln beeinflussen. Wirklich verstehen und beurteilen kann man dadurch wohl niemand anderes, wenn man sich denn überhaupt selbst zu verstehen vermag.

Während ich dieses Buch schrieb, stellte der Münsteraner Markus Jürgens einen neuen Marathon-Weltrekord im Rückwärtslaufen auf. Er unterbot beim Hannover-Marathon im April 2017 meine Weltrekordzeit um 4:15 Minuten auf 3:38:27 Stunden[15]. Er hatte sich in den zurückliegenden Jahren mit 100-Kilometer-Läufen, Ultranachtläufen und langen Radtouren, wie etwa von Münster über die Alpen nach Nizza, eine solch fantastische Ausdauer angeeignet, dass ein gewöhnlicher Marathon für ihn fast zu einem Spaziergang geworden ist.

Ich habe mich sehr für ihn gefreut. Rekorde gehören wohl mit zu den vergänglichsten Dingen. Wer meint, ein Rekord würde einem weggenommen werden, hat nicht verstanden, dass er ihm nie gehört hat. Als ich den Weltrekord beim Frankfurt-Marathon aufstellte, hatte ich sicherlich eine außerordentliche Fitness. Aber schon bald danach hätte meine Fitness nicht mehr ausgereicht, um diese Leistung noch einmal zu vollbringen. Wenn die Fitness eines Menschen für eine zurückliegende sportliche Leistung nicht mehr da ist, ist seine Identifikation mit ihr dann überhaupt noch zulässig?

Natürlich darf man stolz sein auf zurückliegende Erfolge und das Erreichen von Zielen. Aber die ständige Anhaftung an vergangene Leistungen und Rekorde und ihr vermeintlicher Besitz führen nur zu einer Abhängigkeit des Egos von den eigenen Erfolgen. Meine Fitness für den Weltrekord beim Frankfurt-Marathon war schon längst gegangen. Und nun folgte der wesentlich kleinere Schritt, dass auch der Rekord an jemand anderes ging.

Und Jürgens war ja nicht der einzige, der kürzlich einen neuen Weltrekord im Rückwärtslaufen aufstellte. Acht Weltrekorde allein 2016 und 2017 zeigen die aktuelle Dynamik im Rückwärtslaufsport an[15]. Mit David Winterstein über 200 Meter, Thomas Dold über 10.000 Meter, Markus Jürgens im Marathon sowie Hassan Kurt und Ralf Klug über jeweils 100 Kilometer stellten fünf verschiedene Rückwärtsläufer jeweils einen Weltrekord auf. Und sie alle kommen aus Deutschland.

Nach dem Weltrekord der amerikanischen Staffel über 4x400-Meter stellten David Winterstein, Philipp Delfosse, Elias Becker und Florian Jocher im Juli 2017 einen neuen Weltrekord über 4x100-Meter in sehr starken 61,05 Sekunden auf. Bei den Frauen unterbot die Kanadierin Cat Clewley im November 2017 beim Hamilton-Marathon die alte Weltrekordzeit um rund 16 Minuten auf 4:26:06 Stunden. Wenn diese Weltrekordflut so weiter geht, würde mich ein baldiger Angriff auf meinen einzig verbliebenen Weltrekord im Halbmarathon nicht wundern. Markus Jürgens kündigte bereits an, 2018 den Weltrekord über 100 Kilometer angreifen zu wollen.

Wenige Wochen nach seinem Marathon-Weltrekord ging Jürgens bei einem doppelten Ironman an den Start. Nach 7,6 Kilometer Schwimmen, 360 Kilometer auf dem Rad und 84,4 Kilometer Laufen erreichte er das Ziel als Sechster des Gesamtfeldes nach 23:51 Stunden. Ein paar Wochen später lief er im Rahmen eines 24-Stundenlaufs 105 Kilometer rückwärts. Dies sind unfassbare Leistungen, die zeigen, welche Kräfte in uns schlummern.

War ich es 2014, der ihn zum Rückwärtslaufen inspirierte, ist Jürgens nun weit über meine sportlichen Grenzen hinausgegangen. Sie scheinen geradezu nah, wenn ich sehe, wie weit er seine Grenzen verschoben hat. Darin zeigt sich wieder einmal, dass einem die eigene Verrücktheit gar nicht mehr auffällt, wenn man jemanden kennt, der noch verrückter ist. Und er hat in der Ultralaufszene bestimmt Menschen kennengelernt, die ihre Grenzen noch einmal weiter nach hinten verschoben haben. Also kann man noch so verrückt sein, die Abhängigkeit vom Umfeld bleibt stets erhalten.

Mein Umfeld während meiner Essener Laufzeit ließ mich auch ganz vergessen, wie verrückt unser ganzes Laufen doch eigentlich war, auch wenn es mir sicherlich sehr gut getan hat und meinem Leben einen neuen Sinn gab. Beim Laufen ist das Verrückte für mich im Rückblick schon offensichtlich. Daneben, denke ich, gibt es noch viele Verrücktheiten, die man so unternimmt und einem nicht so offensichtlich sind, wie zum Beispiel jeden Tag acht bis zehn Stunden im Büro zu sitzen oder ein allzu effizientes Leben. Wenn ein Läufer des Seri-Stammes in der Kalahari-Wüste sich auf einmal dazu entscheiden würde, mit dem Laufen aufzuhören und acht Stunden am Tag in einem Büro vor einem Rechner zu verbringen, hätten ihn 99 Prozent unserer Vorfahren doch für völlig verrückt erklärt.

In einigen Punkten finde ich unseren ganzen Lebensstil ziemlich verrückt. Wo man hinschaut, geht es überall nur ums Geld. Manchmal denke ich, dass wir alle Dollarzeichen in den Augen haben, durch die wir die Welt ganz anders wahrnehmen, als sie tatsächlich ist. Der Blick auf die Welt wird geradezu durch die Dollarzeichen in unseren Augen verstellt.

Was verrückt ist und was nicht, muss natürlich jeder für sich selbst entscheiden. Am Anfang hielt ich das Rückwärtslaufen für verrückt, bis ich merkte, wie viel Freude es mir machte. Dann hielt ich es für verrückt, ein Buch darüber zu schreiben, bis die Ideen anfingen zu sprudeln.

Ich denke, dass jeder das tun sollte, was er aus ganzem Herzen tun möchte, auch wenn es in den Augen seiner Mitmenschen noch so verrückt ist, solange er die Rechte seiner Mitmenschen nicht einschränkt. Allein das Ausprobieren kann Wunder bewirken. Wenn etwas zu verrückt ist, wird einen das Leben schon von alleine wieder davon wegführen.

Nach dem Frankfurt-Marathon wurde ich gefragt, ob ich nun nicht mal 100 Kilometer rückwärts laufen wollte oder wann mein nächster Rückwärts-Marathon ansteht. Nein, mit dem Marathon rückwärts war ich schon über meine Verrücktheitsgrenze gegangen. Danach hatte ich nicht das Bedürfnis, so etwas noch einmal zu machen. Das Leben holte mich wieder zurück innerhalb meiner ganz persönlichen eigenen Grenzen. Und weil sich mein Umfeld kurz danach mit einem Umzug in eine andere Stadt in ein viel weniger sportliches änderte, wunderte ich mich in den Jahren danach immer mehr, dass ich überhaupt mal einen Marathon rückwärts gelaufen war.

Die Freude am Rückwärtslaufen ist über die Jahre geblieben. Ich drehe mich immer wieder gerne um, wechsele die Perspektive und schaue, was passiert. Und ich freue mich jetzt schon auf die nächste Weltmeisterschaft im italienischen Bologna vom 12. bis 15. Juli 2018 und das Wiedersehen mit vielen anderen Rückwärtsläufern aus aller Welt. Wenn alle Menschen um einen herum rückwärts laufen, beginnt man zunächst zu schmunzeln und stellt dann fest, dass es ganz normal aussieht. Rückwärtslaufen ist in dem Punkt wie jedes andere Hobby auch. Man probiert es aus, findet Gleichgesinnte und hält es für normal.

Rückwärtslaufen hat mich gelehrt, wie gut es tut, einfach mal den gewohnten Gang zu ändern und die Welt aus einer anderen Perspektive zu betrachten. Zudem brachte es mir bei, aus der schnelllebigen Welt um mich herum auszubrechen und mein ganz eigenes Tempo zu finden. Es ist viel langsamer, als ich immer dachte. Daher hat mich Rückwärtslaufen auch Entschleunigung gelehrt. Der große Nachteil der heutigen Schnelllebigkeit ist ihre Blindheit. Ein Autofahrer, der mit hoher Geschwindigkeit auf einer Autobahn entlang rast, ist nicht fähig, auf die kleinen Dinge am Wegesrand zu achten. Auch beim Blick aus einem schnell fahrenden Zug verschwimmen alle Kleinigkeiten und sind nicht mehr zu unterscheiden. Je mehr Zeit ich aber mit etwas verbringe, desto genauer kann ich hinschauen und etwas erkennen. Gerade wegen ihrer geringeren Geschwindigkeit sehen und spüren Läufer viel mehr von diesen Kleinigkeiten. Daher werden viele Dinge in der Entschleunigung überhaupt erst sichtbar. So ist es in der Außenschau wie auch in der Innenschau. Wer von einem Termin zum nächsten eilt und niemals wirklich in der Ruhe verweilt, übersieht das Meiste. Erst in der Entschleunigung und Momenten der Ruhe sind Einsichten und Selbsterkenntnisse möglich.

Ein entschleunigtes Leben widerspricht natürlich den Anforderungen unseres kapitalistischen Systems, dem Leistungsdenken unserer Gesellschaft und einer daraus resultierenden zunehmenden Ich-Bezogenheit. Vielleicht ist das Leben in den jungen Jahren dadurch gekennzeichnet zu entdecken, die eigenen Grenzen auszutesten und sich etwas zu beweisen. In den Kindheitsjahren entdecken wir am meisten. Von den ersten Schritten bis zum Sprung vom 1-Meter-Brett ist unser Leben davon geprägt, unsere Grenzen zu erweitern. Eine ebenso große Rolle spielt das Entdecken etwa im Studium oder auf Reisen in den frühen Erwachsenenjahren. Sie bieten in vielen Sportarten auch die besten Bedingungen, um Bestleistungen zu erzielen und die eigenen Belastungsgrenzen zu entdecken. Wahrscheinlich muss ein Mensch in seinen ersten Lebensjahrzehnten ich-bezogen sein, um seinen eigenen Wert zu erfahren. Aber sollte danach die Ich-Bezogenheit nicht wieder abnehmen?

Für Hermann Hesse liegt die Grenze zwischen Jugend und Alter eben genau in dem Wechsel vom Leben für sich zum Leben für andere[59]. Manchmal denke ich, dass wir verlernt haben, unsere Ich-Bezogenheit im fortgeschrittenen Alter wieder abzulegen. Es muss weiterhin immer mehr sein, obwohl wir schon längst über diese Schwelle getreten sind. So fällt uns gar nicht mehr auf, dass wir alle einen zu hohen Lebensstandard haben.

Anstatt durch das Leben zu rasen, sollten wir uns häufiger besinnen und zurückschauen, so wie es die seit Jahrtausenden rückwärts gehenden Millionen von Chinesen tun. Ich denke, wir sollten uns etwas von ihrer Tradition abschauen, uns selbst nicht mehr so wichtig nehmen, das Ego herunterschrauben und einen Ort der Ruhe in uns finden. Auf so vieles, das uns unser auf das Äußerliche fokussierte Leben vorgaukelt, kann man verzichten und lohnt es sich zu verzichten. Dies zu verstehen und die Änderung meiner Blickrichtung von außen nach innen habe ich auch dem Rückwärtslaufen zu verdanken.

Am wohlsten fühle ich mich häufig in den vermeintlich kleinen Dingen, wie einem Lauf durch die Natur, wenn ich die Schleier des Alltags durchbreche und mein Blick wieder klar und rein ist, wenn ich einen Ort der Ruhe in mir finde und die Innenschau aktiviert wird, wenn sich körperlich oder energetisch etwas löst, das vorher blockiert war, wenn sich Hindernisse in meiner Gedankenstruktur auflösen und der Weg für Kreativität frei wird und wenn ich aus der Welt der sichtbaren Normen ausbreche und im Gefühl laufe, nach Hause zurückzukehren.

Oder wenn ich durch einen Perspektivwechsel meine Sichtweise erweitere und ich mich vor etwas Neues gestellt fühle, wenn die Wahrnehmung der nicht visuellen Sinne verfeinert ist und nicht mehr meine Augen mich führen, sondern meine Erfahrungen, und ich mich auf meine Intuition verlasse, wenn ich ich selbst sein kann, wenn ich Entschleunigung erfahre, wenn ich ein Stück weit aus den unsichtbaren gesellschaftlichen Normen ausbreche und eine Art Freiheit spüre und wenn etwas mir zuflüstert, dass ich im großen Fluss des Lebens völlig unbedeutend bin, und mich an die Vergänglichkeit der Dinge erinnert und an das kleine Zeitfenster meines Lebens hier.

Oft freue ich mich den ganzen Tag auf meine Laufeinheit. Wenn es endlich so weit ist, ziehe ich mir meine Laufschuhe an. Oft laufe ich vorwärts. Laufe ich rückwärts, kostet mich der Moment des Umdrehens keine Überwindung mehr. Heute laufe ich mit Vorfreude rückwärts los. Dann schalten sich die Leerlaufnetzwerke ein und Erkenntnisse über meine Selbstwahrnehmung springen in mein Bewusstsein. Mit großer Freude laufe ich weiter. Freude, die von innen kommt und sich in einem großen Lächeln äußert. Ich sehe den Weg zwar nicht, der vor mir liegt, aber ich spüre, auf dem richtigen Weg zu sein, wohin auch immer er mich führen mag.

Literatur

[1] Hoffmann, N., Hofmann, B. (2012): Expositionen bei Ängsten und Zwängen. Beltz Verlag, 3. Auflage, ISBN 978-3621279505, 318 Seiten

[2] Mainzer, K. (1997): Evolution des Gehirns. In: Gehirn, Computer, Komplexität. Springer-Verlag, ISBN 978-3540615989, 247 Seiten

[3] McDougall, C. (2010): Born to Run: Ein vergessenes Volk und das Geheimnis der besten und glücklichsten Läufer der Welt. Karl Blessing Verlag, ISBN 978-3896673664, 400 Seiten

[4] Bramble, D.M., Lieberman, D.E. (2004): Endurance running and the evolution of Homo. Nature, 432, 345-352

[5] Sachs, O., Kober, H. (2011): Das innere Auge: Neue Fallgeschichten. Rowohlt Verlag, ISBN 978-3498064082, 288 Seiten

[6] Gerlach, S. (2016): Auf die Plätze, rückwärts, los! Deutschlandradio Kultur. Nachspiel. 02.10.2016

[7] Steffny, H. (2009): Das große Laufbuch: Vom richtigen Einstieg bis zum Marathon. Südwest Verlag, ISBN 978-3517067285, 368 Seiten

[8] Threlkeld, A.J., Horn, T.S., Wojtowicz, G., Rooney, J.G., Shapiro, R. (1989): Kinematics, ground reaction force and muscle balance produced by backwards running. Journal of Orthopaedic and Sports Physical Therapy, 11(2), 56-63

[9] Cavagna, G.A., Legramandi, M.A., La Torre, A. (2011): Running backwards: soft-landing - hard takeoff, a less efficient rebound.

Proceedings. Biological Sciences, 278(1704), 339–346

[10] Roos, P.E., Barton, N., van Deursen, R.W. (2012): Patellofemoral joint compression forces in backward and forward running. Journal of Biomechanics, 45(9), 1656-1660

[11] Wright, S., Weyand, P.G. (2001): The application of ground force explains the energetic cost of running backward and forward. Journal of Experimental Biology, 204(10), 1805-1815

[12] Wegner, R. (2010): Retrorunning: Rückwärts zu neuen Zielen. Spomedis Verlag, ISBN 978-3936376401, 144 Seiten

[13] Stevenson, R. (1981): Backwards Running. Robert Stevenson Consultant, ISBN 978-0960625208, 60 Seiten

[14] Rosen, M.J., Kassoy, B. (2009): No Dribbling the Squid. Octopush, Shin Kicking, Elefant Polo and Other Oddball Sports. Andrews McMeel Publishing, ISBN 978-0740781209, 260 Seiten

[15] Weltrekordliste im Rückwärtslaufen:
http://www.recordholders.org/de/list/backwards-running.html

[16] Bates, B.T., Morrison, E. and Hamill, J. (1986): Differences between forward and backward running. Proceedings: The 1984 Olympic Scientific Congress, M. Adrian and H. Deutsch (Eds.). Eugene, Oregon: University of Oregon Microform Publications, 127-135

[17] Arata, A.W. (1999): Kinematic and Kinetic Evaluation of High Speed Backwards Running. Dissertation, University of Oregon, 197 Seiten

[18] Flynn, T.M., Connery, S.M., Smutok, M.A., Zeballos, R.J., Weisman, I.M. (1994): Comparison of cardiopulmonary responses to forward and backward walking and running. Medicine and Science in Sports and Exercise, 26, 89-94

[19] Terblanche, E., Page, C., Kroff, J., Venter, R.E. (2005): The effect of backwards lomomotion training on the body composition and cardiorespiratory fitness of young women. International Journal of Sports Medicine, 26(3), 214-219

[20] Georgi, O. (2009): Ganz unten ganz oben. Frankfurter Allgemeine Zeitung. 01.12.2009

[21] Löhle, J. (2013): Einatmen, Stufe, Ausatmen. Der Tagesspiegel. 14.07.2013

[22] Reutter, L. (2017): „99 Prozent schaffen meine Rückwärtszeiten

nicht vorwärts". Baden online. 31.01.2017

[23] Meyer-Odewald, J. (2010): Das Ende zuerst – Aretz läuft rückwärts. Hamburger Abendblatt. 30.08.2010

[24] RUNNER'S WORLD (2010): Steckbrief. Ausgabe 11/2010

[25] Rowlands, M. (2014): Der Läufer und der Wolf. Rogner & Bernhard Verlag, ISBN 978-3954030484, 260 Seiten

[26] Bedürftig, D. (2016): Rückwärtslaufweltmeister – Ich sehe mit den Ohren. Spiegelonline. 15.07.2016:
http://www.spiegel.de/gesundheit/ernaehrung/rueckwaertslauf-weltmeister-markus-juergens-ich-sehe-mit-den-ohren-a-1103127.html

[27] Kreuzer, S. (2017): „Reverse Runners" - Rückwärts macht glücklich. Höchster Kreisblatt. 10.04.2017

[28] Senf, U. (2017): Kanderner knackt Weltrekord im 100-Kilometer-Rückwärtslaufen. Badische Zeitung. 12.06.2017

[29] Lippuner, S. (2011): Klug läuft 100 Kilometer rückwärts. Berner Zeitung, 14.10.2011

[30] Wingo, P. (1982): Around the world backwards. Eakin Press, ISBN 978-0890153635, 152 Seiten

[31] Grollé, C. (2012): RETRORUNNING. Christian Grollé, 164 Seiten

[32] Cheng, L.K. (2006): Walking Qi Gong: Schritt für Schritt zu innerer Ruhe und Kraft. Joy Verlag, ISBN 978-3928554565, 144 Seiten

[33] Johansson, H., Lundin-Olsson, L., Littbrand, H., Gustafson, Y., Rosendahl, E., Toots, A. (2017): Cognitive function and walking velocity in people with dementia; a comparison of forward and backward walking. Gait & Posture - Journal - Elsevier, 58, 481-486

[34] Yang, Y.R., Yen, J.G., Wang, R.Y., Yen, L.L., Lieu, F.K. (2005): Gait outcomes after additional backward walking training in patients with stroke: a randomized controlled trail. Clinical Rehabilitation - SAGE Journals, 19(3), 264-273

[35] Spät, P. (2016): Die Freiheit nehm ich dir. 11 Kehrseiten des Kapitalismus. Rotpunktverlag, ISBN 978-3858697073, 184 Seiten

[36] Xiaoyong, H. (2014): Blaubuch „Bildung und Erziehung 2014". Chinesische Akademie der Wissenschaften. Peking, China

[37] Jennie (2011): Leben in China. Rückwärtslaufen – Eine andere Perspektive. 21.01.2011:
https://jennihao.wordpress.com/2011/01/21/ruckwartslaufen-eine-an-

dere-perspektive/

[38] Kuhn, K. (2012): Hikikomori. Berlin Verlag, ISBN 978-3833309304, 224 Seiten

[39] Kurbjuweit, D. (2005): Unser effizientes Leben. Rowohlt Taschenbuch Verlag, ISBN 978-3499620195, 192 Seiten

[40] Zeh, J. (2010): Corpus Delicti: Ein Prozess. btb Verlag, 4. Auflage, ISBN 978-3442740666, 272 Seiten

[41] Maaz, H.-J. (2014): Die narzisstische Gesellschaft. Ein Psychogramm. Dtv Verlagsgesellschaft, ISBN 978-3423348218, 240 Seiten

[42] Precht, R.D. (2011): Immer mehr ist immer weniger: Gesammelte Essays. Goldmann Verlag, Kindle Edition, ASIN B006JYS9DQ, 459 KB, 92 Seiten

[43] Laureys, S. Gosseries, O., Tononi, G. (2015): The Neurology of Consciousness: Cognitive Neuroscience and Neuropathology. Elsevier Ltd, Second Edition, ISBN 978-0128009482, 496 Seiten

[44] Smart, A. (2014): Öfter mal auf Autopilot: Warum Nichtstun so wichtig ist. Goldmann Verlag, ISBN 978-3442174843, 208 Seiten

[45] Choi, J.T., Bastian, A.J. (2007): Adaptation reveals indipendent control networks for human walking. Nature Neuroscience, 10, 1055-1062

[46] Kastavelis, D., Mukherjee, M., Decker, L.M., Stergiou, N. (2010): Variability of Lower Extremity Joint Kinematics During Backwards Walking in a Virtual Environment. Nonlinear Dynamics, Psychology and Life Sciences, 14(2), 165-178

[47] Meyns, P., Molenaers, G., Desloovere, K., Duysens, J. (2014): Interlimb coordination during forward walking is largely preserved in backward walking in children with cerebral palsy. Journal of Clinical Neurophysiology, 125(3), 552-561

[48] Kurz, M.J., Wilson, T.W., Arpin, D.J. (2012): Stride-time variability and sensorimotor cortical activation during walking. NeuroImage, 59(2), 1602-1607

[49] Hüther, G. (2014): Die Macht der inneren Bilder: Wie Visionen das Gehirn, den Menschen und die Welt verändern. Vandenhoeck & Ruprecht Verlag, 8. Auflage, ISBN 978-3525462133, 137 Seiten

[50] Bauer, J. (2006): Warum ich fühle, was du fühlst: Intuitive Kommunikation und das Geheimnis der Spiegelneurone. Heyne Verlag, ISBN 978-3453615014, 208 Seiten

184

[51] Schuler, H., Görlich, Y. (2006): Kreativität: Ursachen, Messung, Förderung und Umsetzung in Innovation. Hogrefe Verlag, ISBN 978-3801720285, 112 Seiten

[52] Pohl, R. (2007): Das autobiographische Gedächtnis: Die Psychologie unserer Lebensgeschichte. Kohlhammer W. Verlag, ISBN 978-3170186149, 252 Seiten

[53] Reid, H.L. (2015): Die Freiheit des Langstreckenläufers. In Augstin, M.W., Reichenbach, P. (Hrsg.): Die Philosophie des Laufens. mairisch Verlag, ISBN 978-3938539378, 197 Seiten

[54] Jaynes, J. (1993): Der Ursprung des Bewusstseins. Rowohlt Tb., ISBN 978-3499195297, 559 Seiten

[55] Arthur, A., Fisher, H., Mashek, D.J., Strong, G., Li, H., Brown, L.L. (2005): Reward, Motivation, and Emotion Systems Associated With Early-Stage Intensive Romantic Love. Journal of Neurophysiology, 94(1), 327-337

[56] Roth, G. (2009): Aus Sicht des Gehirns. Suhrkamp Verlag, ISBN 978-3518295151, 243 Seiten

[57] Metzinger, T. (2010): Der Ego-Tunnel: Eine neue Philosophie des Selbst: Von der Hirnforschung zur Bewusstseinsethik. Berlin Verlag, ISBN 978-3833307195, 384 Seiten

[58] Nydahl, O. (2004): Wie die Dinge sind: Eine zeitgemäße Einführung in die Lehre Buddhas. Knaur MensSana TB., ISBN 978-3426872345, 208 Seiten

[59] Michels, V. (1971): Erlesenes von Hermann Hesse. Auswahl aus Hermann Hesse „Lektüre für Minuten, Gedanken aus seinen Büchern und Schriften". Suhrkamp Verlag, 7. Auflage, ISBN 978-9783518365076, 225 Seiten

[60] Wittmann, M. (2010): Augenpaar im Meer von Hinterköpfen. Frankfurter Allgemeine Zeitung. 20.09.2010

Dank

Christoph Diehl, Stefan Bales, Eric Salomon und Gregor Schlüter möchte ich für die Begleitung und ihre tolle Unterstützung beim Marathon sehr danken.

Ein großer Dank gilt meiner Patentante, der Schriftstellerin Beatrice von Weizsäcker, für ihre Tipps und Anregungen, meinen Eltern und Christoph Diehl für das Korrekturlesen des Buches und meinem besten Schulfreund, dem promovierten Neurowissenschaftler Jens Kreitewolf, für das Korrekturlesen der neurowissenschaftlichen Passagen.

Michael Holtkötter (Titelseite), Paolo Callegari, Günter Fuhrmann, Martin Pesch, Martin Wittmann, Patrick Piel, Simon Hoese, Gruppo Monte Cervino, pixabay.com (Rückseite), RUNNER'S WORLD, Cosima Eisenhuth und Bodo Aretz möchte ich für die Fotos danken.

Ein besonderer Dank gilt Sophie für die Erzeugung der Buchidee im Café an der belgischen Küste.

Weltrekordliste im Rückwärtslaufen der Männer[15]

Distanz	Name und Nationalität		Zeit	Datum
100 m	Roland Wegner	GER	13,6 Sek	04.08.2007
200 m	David Winterstein	GER	30,44 Sek	15.07.2016
400 m	Thomas Dold	GER	1:09,56 Min	17.06.2005
800 m	Thomas Dold	GER	2:31,30 Min	20.09.2008
1.000 m	Thomas Dold	GER	3:18,43 Min	19.07.2014
1.500 m	Thomas Dold	GER	5:01,02 Min	18.09.2009
3.000 m	Thomas Dold	GER	11:11,76 Min	02.08.2014
5.000 m	Brian Godsey	USA	19:31,89 Min	13.07.2008
10.000 m	Thomas Dold	GER	38:50,01 Min	15.07.2016
Halbmarathon	Achim Aretz	GER	1:35:49 Std	28.05.2011
Marathon	Markus Jürgens	GER	3:38:27 Std	09.04.2017
100 km	Ralf Klug	GER	21:20:31 Std	10.06.2017
4x100 m	Becker, Winterstein, Delfosse, Jocher	GER	1:01,05 Min	12.07.2017
4x400 m	Yoder (USA), Polino (MEX), Díaz García (CUB), Contreras Urbano (DOM)	Ame-rika	5:29,61 Min	16.07.2016
4x400 m*	Aretz, Salomon, Diehl, Ocklenburg	GER	5:33,50 Min	16.07.2016

Weltrekord über eine Staffeldistanz, wenn alle vier Mitglieder der Staffel aus dem selben Land kommen

Weltrekordliste im Rückwärtslaufen der Frauen[15]

Distanz	Name und Nationalität		Zeit	Datum
100 m	Isabella Wagner	GER	16,8 Sek	04.08.2007
200 m	Melanie Albrecht	GER	37,94 Sek	25.08.2012
400 m	Isabella Wagner	GER	1:29,0 Min	04.08.2007
800 m	Antje Strothmann	GER	3:13,86 Min	15.08.2009
1.000 m	Stefania Zambello	ITA	4:20 Min	01.03.2003
1.500 m[+]	Leoni Leven	GER	7:36,37 Min	16.07.2016
3.000 m	Stefania Zambello	ITA	13:19,4 Min	03.10.2004
5.000 m	Kerstin Metzler-Mennenga	LIE	24:11,6 Min	20.09.2008
10.000 m	Kerstin Metzler-Mennenga	LIE	51:53,2 Min	21.09.2008
Halbmarathon	Kerstin Metzler-Mennenga	LIE	1:57:08 Std	19.09.2009
Marathon	Kathryn Clewley	CAN	4:26:06 Std	05.11.2017
4x100 m	Mareth, Graber, Lang, Wagner	GER	1:17,8 Min	04.08.2007
4x400 m[+]	Codina (CAT), Strothmann (GER), Girós (CAT), Douaa (CAT)	Europa	7:16,94 Min	16.07.2016
4x400 m*[+]	Ischwang, T., Grüne, Ischwang, L, Schnabel	GER	7:19,12 Min	16.07.2016

[+] *Die Weltrekorde über 1.500 Meter und 4x400 Meter sind in der Weltrekordliste nicht aufgeführt. Daher habe ich für diese Distanzen die Siegerinnen der Weltmeisterschaft 2016 in Essen eingetragen.*

Liste der Austragungsorte der IRR-Weltmeisterschaften im Rückwärtslaufen mit Datum und Disziplinen[^]

Nr	Ort	Land	Datum	Disziplinen
1	Rotkreuz	Schweiz	10. Juni 2006	100, 400, 3.000 m; 4x400 m
2	Pietrasanta	Italien	20./21. September 2008	100, 200, 400, 800, 1.500, 3.000, 5.000, 10.000 m; 4x100 m, 4x400 m
3	Kapfenberg	Österreich	07./08. August 2010	100, 200, 400, 800, 1.500, 3.000, 5.000, 10.000 m; 4x100 m, 4x400 m
4	Lleida	Spanien	25./26. August 2012	100, 200, 400, 800, 1.500, 3.000, 5.000, 10.000 m; 4x100 m, 4x400 m
5	Saint-Vincent	Italien	01.-03. August 2014	100, 200, 400, 800, 1.500, 3.000, 5.000, 10.000 m, Halbmarathon; 4x100 m, 4x400 m
6	Essen	Deutschland	14.-17. Juli 2016	100, 200, 400, 800, 1.500, 3.000, 5.000, 10.000 m, Halbmarathon; 4x100 m, 4x400 m
7	*Bologna*	*Italien*	*12.-15. Juli 2018*	*100, 200, 400, 800, 1.500, 3.000, 5.000, 10.000 m, Halbmarathon; 4x100 m, 4x400 m*

[^] *Für die Teilnahme an einer IRR-Weltmeisterschaft braucht man sich nicht zu qualifizieren, sondern einfach nur anzumelden, im Internet oder vor Ort.*

Links

Webseite der Weltmeisterschaft in Bologna im Juli 2018
http://www.tantecosemeravigliose.com/CMRetrorunning_Italia no_Home.html

Webseite der Weltmeisterschaft 2016 in Essen
www.retrorunning2016.com

Webseite von Thomas Dold
www.thomasdold.com/de

Webseite von Markus Jürgens
www.markus-juergens.de

Webseite von Dwayne Fernandes, dem doppelunterschenkel-amputierten Rückwärtsläufer aus Australien
http://dwaynefernandes.com.au

Webseite von Nigel Holmes, Rückwärtsläufer aus England
https://holmesinho2.wordpress.com/category/backward-running

Blog von Jenny Wangari, Rückwärtsläuferin aus Bayreuth
https://retrorunninggirl.wordpress.com

Das offizielle Portal für Rückwärtsläufer
www.retrorunning.de

Meine Webseite
www.achim-aretz.de

Unnützes Wissen bei Best Western

Der Erfinder des Wortes „Jogging" hieß James Fixx – er starb beim Joggen.

Ein durchschnittlicher Läufer verbrennt pro gerannten Kilometer etwa 102 Kalorien. Eine Läuferin nur 89.

Das Nike-Logo wurde von einer Studentin entworfen, die nur 35 Dollar dafür bekam.

Im Laufe eines Lebens läuft man circa vier Mal um die Welt.

Bei jedem Schritt werden mehr als 200 Muskeln benutzt.

Um einen Big Mac wieder abzutrainieren, müssen Männer knapp 7 Kilometer zurücklegen und Frauen 8,2 Kilometer.

Zwei von drei Langstreckenläufer denken unterwegs, laut einer Studie, angeblich an Sex. Aber nur einer von elf denkt beim Sex an Laufen.

Marathon kann man auch rückwärts laufen. Derzeit hält der Deutsche Achim Aretz mit 3:42 Stunden den Weltrekord.

Musik verleiht Beine. Wer den richtigen Takt wählt (etwa 160 Beats per Minute) kann seine Leistung um bis zu 15 Prozent steigern.

Unglaublich aber wahr: Es ist wahrscheinlicher, als Läufer mit roter Kleidung einen Lauf zu gewinnen als in jeder anderen Farbe.

Der älteste Marathon-Finisher der Welt ist der Inder Fauja Singh. Bei seinem Finish im Jahr 2011 war er 100 Jahre alt. Mit dem Laufen hat er übrigens im Alter von 89 begonnen.

Was nicht alles an Zimmertüren von Schweizer Hotels so hängt.
Foto: Simon Hoese

Augenpaar im Meer vo

Beim Tegernseer Halbmarathon ist Achim Aretz die Sache mal wieder anders angegangen als andere – und hat dabei einen Weltrekord aufgestellt.

Von Martin Wittmann

TEGERNSEE, 19. September. Wer schon einmal einen Halbmarathon gelaufen ist – und wer ist das nicht in Zeiten, in denen Joggen zum guten Ton gehört und jeder Abnehmwillige, Midlife-Crisler oder Masochist an Sonntagen freiwillig und stundenlang im Rudel hechelt –, der wird sich nach einigen Kilometern in den schweren Beinen die Frage gestellt haben, was der Unsinn eigentlich soll.

Wer an diesem sonnigen Vormittag die 21,0975 Kilometer um den Tegernsee in Bayern herum läuft, darf sich doppelt wundern: nter den Tausenden Läufern ist einer, der einen Weltrekord aufzustellen vorhat – in einer Stunde und 40 Minuten will er die Strecke bewältigen und sich damit den Eintrag ins Guinness-Buch der Rekorde sichern. Die eigene, objektiv eher mediokre Bestzeit auf der Strecke ist eine Stunde und 49 Minuten, und so fragt man sich schon vor dem Rennen, was das Ganze soll. Erst der zweite Teil der Meldung, die den Rekordversuch ankündigt, klärt auf: Achim Aretz wird den Halbmarathon rückwärts laufen.

Vor dem Rennen steht Aretz bei seinem Helfer, der ihn später mit dem Mountainbike verfolgen und ihm Richtungswechsel und Hindernisse ansagen soll. Er werde sich zwar immer wieder umdrehen, sagt der 26 Jahre alte Münsteraner,

aber „sicher ist sicher". Aretz sieht für einen Widerspenstigen recht normal aus. Sportliche Figur, blonde Haare, kein Anzeichen einer ostentativ gesellschaftswidrigen Grundeinstellung, keine Punk-Merkmale. Auch anatomisch zeigt der

Wo laufen die denn hin? *Achim Aretz beim Weltrekord im Rückwärtslaufen, aufgestellt am Sonntag beim Tegernseer Halbmarathon* Foto Martin Wittmann

FAZ-Artikel nach dem Halbmarathon-Weltrekord am Tegernsee[60]

n Hinterköpfen

Geologie-Student keine Anzeichen von Exaltiertheit: Seine Knie beugen sich in die gleiche Richtung wie bei den anderen Wettkämpfern, seine Schuhsohlen sind nicht auffällig abgewetzt, und in den Augen flirrt kein irres Licht. Noch zehn Minuten bis zum Start.

Weshalb läuft jemand im Rückwärtsgang, wo andere im Vorwärtsgang schon mit sich hadern? Weshalb den Sport, der als natürlich verehrt wird und damit in der Ökogegenwart unangreifbar ist, ad absurdum führen und dabei auch noch in einer Geschwindigkeit, von der Vorwärts-Athleten nur träumen können? Weshalb nach hinten laufen, wenn jeder das Nach-vorne-Schauen predigt? Noch fünf Minuten bis zum Start.

Aretz, mittlerweile im Pulk der Starter untergetaucht und die Augen noch nach vorne gerichtet, gibt Antwort: Vor vier Jahren traf er sich mit einem Freund zum Joggen, obwohl er am Abend davor auf einer Party zu tief ins Glas geschaut hatte. Da Aretz so verkatert war, dass er mit dem Laufpartner nicht mithalten konnte, lief dieser rückwärts. Von diesem Tag an liefen die beiden regelmäßig rückwärts. Wie zufällig sich doch manchmal die Weltgeschichte verändert, denkt man sich, als der Veranstalter den Countdown einzählt. Aretz dreht sich um.

Vor einem Jahr habe er aus Jux nachgeforscht, wo eigentlich der Weltrekord im Rückwärtslaufen liege, fährt er fort, während er ein letztes Mal die gleichen Muskeln dehnt wie die Leute um ihn herum. Eine Stunde und 42 Minuten lautete die Bestzeit damals, und er habe sich gewundert, weil das so toll doch gar nicht sei. So startete der junge Mann im vergangenen Jahr beim Rennen in Essen und war prompt mehr als eine Minute schneller als der Rekordhalter.

Im August dieses Jahres ist er die zehn Kilometer in 41 Minuten und 26 Sekunden gelaufen und hat damit den zwanzig Jahre alten Rekord eines Franzosen gebrochen. Man lehnt sich wohl nicht zu weit aus dem Fenster, wenn man Achim Aretz den talentiertesten Rückwärtsläufer aller Zeiten nennt. Und wie oft hat man schon die Chance, bei einem Wettkampf einem Jahrhundertläufer auf den Fersen oder in diesem Fall auf den Zehen zu sein?

„Drei, zwo, eins!", schreit der Veranstalter, und die Meute läuft los. Getrommel und Geschrei. Aretz' Nebenmänner erkennen jetzt erst, dass es sich bei dem unscheinbaren Mann in ihrer Mitte um den angekündigten Weltrekordler handelt. „Du bist also der Geisterfahrer", sagt einer und wünscht Glück.

Aretz beginnt zügig. Immer wieder dreht er den Kopf, um im Anfangsgetümmel nicht anzuecken. Man selbst rennt ihm hinterher, auf der Suche nach dem einzigen Augenpaar im Meer von Hinterköpfen. Aber schon nach wenigen Sekunden ist sein Vorsprung zu groß. Sein Gesicht verschwindet hinter einer hügeligen Teilstrecke. Die Verfolgung scheitert. Was bleibt, sind eilig beim Start geschossene Fotos. Und 21 Kilometer.

In den kommenden Stunden glitzert der Tegernsee in der Sonne, und die bewaldeten Berge protzen mit ihrem Grün. „Eine wunderbare Strecke", wird mir Achim Aretz später im Ziel sagen und damit allen bestätigen, dass die schöne Umgebung auch von der anderen Seite betrachtet schön ist. Eine Stunde und 37 Minuten hat der strahlende Weltrekordler für die Strecke letztlich gebraucht.

Was er nun mache? „Ich gehe jetzt erst mal auf das Oktoberfest", sagt Aretz und düpiert mit diesem Plan noch einmal jene, die sich tagelang bettlägerig von den Strapazen erholen müssen. Die eigene Rennzeit beträgt eine Stunde und 48 Minuten – neue persönliche Bestzeit und nur elf Minuten sowie 180 Grad vom Weltrekord entfernt.

193